员工管理

必备制度与表格范例

王红国◎编著

中国友谊出版公司

图书在版编目（C I P）数据

员工管理必备制度与表格范例 / 王红国编著 . -- 北京 : 中国友谊出版公司 , 2017.9（2019.5 重印）
ISBN 978-7-5057-4095-2

Ⅰ . ①员… Ⅱ . ①王… Ⅲ . ①企业管理－人事管理 Ⅳ . ① F272.92

中国版本图书馆 CIP 数据核字 (2017) 第 153097 号

书名　员工管理必备制度与表格范例
作者　王红国　编著
出版　中国友谊出版公司
发行　中国友谊出版公司
经销　新华书店
印刷　天津中印联印务有限公司印刷
规格　710×1000 毫米　16 开
　　　19 印张　270 千字
版次　2017 年 9 月第 1 版
印次　2019 年 5 月第 4 次印刷
书号　ISBN 978-7-5057-4095-2
定价　55.00 元
地址　北京市朝阳区西坝河南里 17 号楼
邮编　100028
电话　（010）64678009

前　言 PREFACE

人难管，管人难，这是很多管理者面对的问题，同时也是企业必须要处理好的问题。企业管理的关键就在于人员管理。管理好了员工，你的企业自然就会步入正常轨道。员工管理推动和保证着企业技术、生产、资金、经营等的发展。可以说，一个企业要发展，要做大，就必须树立全新的员工管理理念，建立高效的管理体系，如此才能最大限度地发挥企业的人力、物力和财力优势，在激烈的市场竞争中立于不败之地。

没有无能的员工，只有糟糕的管理者。管理员工有难度，但也并非无法管好，关键是要找到规律、遵循规律。《员工管理必备制度与表格范例》一书就是把管理员工的方方面面总结起来，通过大量实用表格把员工管理量化、细化。阅读这本现代员工管理全程指导专著，你会发现在管理员工的过程中遇到的很多问题，都能在本书找到相对应的解决方案。制度化与表格管理的终极目的应该是“无为而治”，鼓励下属自觉遵守制度。

本书对企业员工岗位职能描述；员工的招聘、面试与录用；员工培训管理；员工考勤出差管理；员工绩效考核与评估；员工品行、工作态度与能力考评；员工奖惩、升职与辞退；员工薪酬与福利管理；员工档案与办公文件管理等九大板块进行了介绍。

所有的制度、表格、公文范例都是针对你的企业具体情况“稍微修改一下便能用”，让你在没有“吃”透员工管理的情况下，也能轻松掌握这些管理内容。

为了更加方便大家阅读、使用，本书在内容上还具有如下一些特色：

1.管理制度与表格更加标准

《员工管理必备制度与表格范例》中，对员工管理中经常出现的制度、表格进行了标准化设计，更加规范、统一，方便大家理解、使用；同时将与每种制度紧密相关的表格放在相应的制度之后，增强了制度的针对性和可执行性，更加科学、标准，大大提升了实际执行的效果。

2.内容设计思路清晰

《员工管理必备制度与表格范例》避免了传统经管图书镣铐式的逻辑推理和重叠。为了突出内容实用性而采用了较多的表格，力求能挖掘出员工管理的精华，希望能让读者受用。因此，本书特别适合于日常的管理工作。

此外，《员工管理必备制度与表格范例》同《行政办公管理必备制度与表格范例》《人力资源管理必备制度与表格范例》为同一个系列的表格类工具书，后两本已经出版，获得许多读者的好评，希望这本书也能为大家所用，为员工管理提供方便。

王红国

2017.2.10

目 录 CONTENTS

1 章 员工岗位职能描述

第2章 员工的招聘、面试与录用

第3章 员工培训与教育管理

第4章 员工考勤出差管理

5 章 员工绩效考核与评估

第6章 员工品行、工作态度及能力考评

第 7 章 员工奖惩、升职与辞退

第8章 员工薪酬与福利管理

9 章 员工档案与办公文件管理

第 1 章

员工岗位职能描述

1.1 总经理（总裁）职能描述

职位名称	总经理（总裁）	职位代码		所属部门	
职系		职等职级		直属上级	董事会
直接下属		间接下属		晋升方向	
薪金标准		填写日期		核准人	

职位概要

制定和实施公司总体战略与年度经营计划；建立和健全公司的管理体系与组织结构；主持公司的日常经营管理工作，实现公司经营管理目标和发展目标。

工作内容

__% 根据董事会或集团公司提出的战略目标，制定公司战略，提出公司的业务规划、经营方针和经营形式，经集团公司或董事会确定后组织实施；

__% 主持公司的基本团队建设，规范内部管理；

__% 拟定公司内部管理机构设置方案和基本管理制度；

__% 审定公司具体规章、奖罚条例，审定公司工资奖金分配方案，审定经济责任挂钩办法并组织实施；

__% 审核、签发以公司名义发出的文件；

__% 召集、主持总经理办公会议，检查、督促和协调各部门的工作进展，主持召开行政例会、专题会等会议，总结工作、听取汇报；

__% 参与行业活动，指导处理各种对外关系；

__% 主持公司的全面经营管理工作，组织实施董事会决议；

__% 向董事会或集团公司提出企业的更新改造发展规划方案、预算外开支计划；

__% 处理公司重大突发事件；

__% 推进公司企业文化的建设工作。

续表

任职资格
教育背景： ◆企业管理、工商管理、行政管理等相关专业硕士及以上学历。 培训经历： ◆接受过领导能力开发、战略管理、组织变革管理、人力资源管理、经济法、财务管理等方面的培训。 经验： ◆10 年以上企业管理工作经验，至少 5 年以上企业全面管理工作经验。 技能技巧： ◆熟悉企业业务和运营流程； ◆在团队管理方面有极强的领导技巧和才能； ◆掌握先进企业管理模式及精要，具有先进的管理理念； ◆善于制定企业发展的战略及具备把握企业发展全局的能力； ◆熟悉企业全面运作、企业经营管理、各部门工作流程； ◆具有敏锐的商业触觉、优异的工作业绩； ◆良好的中英文写作、口语、阅读能力； ◆具备基本的网络知识； ◆熟练使用办公软件。 态度： ◆具有优秀的领导能力、出色的人际交往和社会活动能力； ◆善于协调、沟通，责任心、事业心强； ◆亲和力、判断能力、决策能力、计划能力、谈判能力强； ◆为人干练、踏实； ◆良好的敬业精神和职业道德操守，有很强的感召力和凝聚力。
工作环境
办公室。 环境舒适，无专门的节假日。 基本无职业病危险。

＊注：“__%”指每一项工作职责在职位承担者的总工作时间所占的百分比。企业根据自己的情况，自行填写。

1.2 财务总监职能描述

职位名称	财务总监	职位代码		所属部门	财务部
直属上级		管辖人数		职等职级	
晋升方向		候选渠道		轮转岗位	
薪金标准		填写日期		核准人	

工作内容

◆全面负责财务部的日常管理工作；
◆组织制定财务方面的管理制度及有关规定，并监督执行；
◆制定、维护、改进公司财务管理程序和政策，制定年度、季度财务计划；
◆负责编制及组织实施财务预算报告、月/季/年度财务报告；
◆负责公司全面的资金调配、成本核算、会计核算和分析工作；
◆负责资金、资产的管理工作；
◆监控可能会对公司造成经济损失的重大经济活动；
◆管理与银行及其他机构的关系；
◆协助开展财务部与内外的沟通与协调工作；
◆完成上级交给的其他日常事务性工作。

任职资格

教育背景：
◆会计、财务或相关专业本科及以上学历。
培训经历：
◆受过经济法、管理学基本原理、计算机操作、公司产品的一般知识等培训。
◆具有中级会计师以上职称。
经验：
◆有 5 年以上跨国企业或大型企业集团财务管理经验；
◆熟悉 VBA 技能及 ERP 运行系统，有白金/用友软件使用经验。
技能：
◆精通中西方财务核算系统以及公司财务会计、审计、税务、外汇等业务；
◆熟悉会计操作、会计核算及审计的全套流程与管理；
◆熟悉国家财经法律法规和税收政策及相关账务的处理方法；
◆熟悉财务管理、企业融资及资本运作；
◆良好的口头及书面表达能力；
◆有良好的政府、银行关系，有一定的融资能力。
个性特征：
◆独立工作能力强，应变能力突出，具备团队精神；
◆原则性强，思维敏捷、严谨，工作踏实、认真，有较强的敬业精神。

工作环境

办公室。
工作环境舒适，基本无职业病危险。

1.3 会计职能描述

职位名称	会计员	职位代码		所属部门	财务部
直属上级	各财务专门部门	管辖人数		职等职级	
晋升方向	部门经理	候选渠道		轮转岗位	
薪金标准		填写日期		核 准 人	

工作内容

◆协助财务总监制定业务计划、财务预算、监督计划；
◆负责财务核算、审核、监督工作，按照公司及政府有关部门要求及时编制各种财务报表并报送相关部门；
◆负责员工报销费用的审核、凭证的编制和登账；
◆对已审核的原始凭证及时填制记账凭证并记账；
◆寻求降低成本的途径和方法，控制公司各项费用支出及公司税务；
◆执行财务经理和财务总监委派的各类财务工作；
◆处理与银行相关的事务；
◆对月度现金流量进行预测、成本核算及准备预测的相关报告；
◆管理和监督出纳人员的工作。

任职资格

教育背景：
◆会计、财务、审计或相关专业大专及以上学历。
培训经历：
◆受过经济法、管理学基本原理、计算机操作、公司产品一般知识等方面的培训。
经验：
◆有 3 年以上企业财务工作经验；
◆具有丰富的账务处理、税务处理、银行贷款等财务实践经验；
◆有在会计事务所工作经验，有审计、收购、融资、公司上市工作经验。
技能：
◆熟悉中西方财务制度、财务管理、财务分析和管理会计；
◆熟悉国家会计法规和相关税收政策，熟悉税务制度；
◆熟悉国家福利、税收制度方面的法规、规定；
◆熟悉银行业务和报税流程；
◆深入领会各项税务、财政政策，并能在工作中运用；
◆能帮助公司制定财务制度并能够进行较全面的财务分析、财务预测和总结；
◆熟练应用财务软件和计算机操作，英语读写流利。
个性特征：
◆具有良好的团队合作精神和沟通能力；
◆严谨、踏实、稳重并对工作认真负责。

工作环境

办公室。

工作环境舒适，基本无职业病危险。

1.4 出纳职能描述

职位名称	出纳	职位代码		所属部门	财务部
直属上级	财务经理	管辖人数		职等职级	
晋升方向	财务经理	候选渠道		轮转岗位	
薪金标准		填写日期		核准人	

工作内容

◆做好公司现金、票据及银行存款的保管、出纳和记录；
◆建立现金日记账、银行存款日记账，审核现金收付单据；
◆积极配合公司开户行做好对账、报账工作；
◆配合各部门办理电汇、信汇等有关手续；
◆销售发票的开具及保管；
◆协助会计做好各种账务处理工作；
◆办理公司有关税款的申报及缴纳；
◆编制有关税务报表及统计报表；
◆办理与税务有关的其他事务；
◆完成财务经理交办的其他工作。

权责范围

权力：
无独立权限。
责任：
对岗位工作的具体项目负直接责任，如给公司造成损失应负相应的经济责任和行政责任。

任职资格

教育背景：
◆财会专业中专及以上学历。
培训经历：
◆受过经济法基础知识、公司财务制度等方面的培训。
经验：
◆从事企业出纳工作半年以上。
技能：
◆能够独立从事企业出纳工作，熟练掌握计算机操作。
个性特征：
◆工作细致认真；
◆具有良好的敬业精神和团队合作精神。

工作环境

办公室。
工作环境舒适，基本无职业病危险。

1.5 行政部经理职能描述

职位名称	行政经理	职位代码		所属部门	行政部
直属上级	副总经理	管辖人数		职等职级	
晋升方向	总经理助理	候选渠道		轮转岗位	
薪金标准		填写日期		核准人	

工作内容

◆规划、指导、协调公司内相关行政支持服务，如档案管理、邮件分发、电话转接等；

◆可能涉及设备的购买规划和维护等工作；

◆协调公司内部行政人事等工作；

◆制定公司规章制度，提高工作效率；

◆对控制成本的方法提出建议；

◆准备并审核相关报告和日程安排，保证准确高效；

◆制定部门预算报告；

◆负责行政人事人员的任用和考核；

◆对员工进行公司规章制度等相关内容的培训。

任职资格

教育背景：

◆广告、新闻、公关、行政管理相关专业本科及以上学历。

培训经历：

◆受过管理学、公共关系、财务管理等方面的培训。

经验：

◆有 3 年以上相关工作经验；

◆有独立工作能力和管理的经验。

技能：

◆较强的时间管理能力；

◆工作效率高，能够有效控制工作进度；

◆优秀的外联与公关能力，具备解决突发事件能力；

◆较强的分析、解决问题能力，思路清晰，考虑问题全面细致；

◆熟练的英语听、说、读、写、译能力；

◆熟练使用办公软件、设备。

个性特征：

◆形象气质好、性格开朗、自律性强、工作敬业、有强烈的集体认同感和团队合作精神。

工作环境

办公室。

工作环境舒适，基本无职业病危险。

1.6 行政助理职能描述

职位名称	行政助理	职位代码		所属部门	行政部
直属上级	行政经理	管辖人数		职等职级	
晋升方向	经理助理	候选渠道		轮转岗位	
薪金标准		填写日期		核准人	

工作内容

◆辅助高级管理人员在人事、预算制定、文档管理等办公事务中的工作；

◆准备有关行政问题解决方案、年度报告等文件；

◆管理公司内部相关的文件；

◆分析运营实践中出现的问题，制定新的工作流程或就原有的流程进行改进；

◆向员工传达相关制度；

◆研究管理手段，优化工作流程，简化汇报程序，降低成本；

◆会务安排。

任职资格

教育背景：

◆行政管理相关专业大专及以上学历。

培训经历：

◆文书写作、档案管理、会务组织、财务知识等。

经验：

◆1 年以上相关工作经验。

技能：

◆能共同完成会议组织、安排、接待任务，能独立完成文书及档案管理工作。

工作环境

办公室。

工作环境较舒适，基本无职业病危险。

1.7 经理助理职能描述

职位名称	经理助理	职位代码		所属部门	行政部
直属上级	行政经理	管辖人数		职等职级	
晋升方向	行政经理	候选渠道		轮转岗位	
薪金标准		填写日期		核准人	

工作内容

◆协助经理协调、控制各项工作的安排、实施及总结工作；
◆负责及时了解进度执行情况，向项目经理汇报；
◆负责统一管理各项任务的分配和进度执行材料；
◆协助项目经理进行有关项目文字材料的起草和整理工作；
◆协助经理策划、组织并实施各种市场宣传、新闻活动；
◆参加经理组织的管理会及工作进度协调会，记录、提交会议纪要；
◆处理日常性事务，完成经理交办的相关的临时性工作。

任职资格

教育背景：
◆公共关系、法律、管理学等专业本科及以上学历。
培训经历：
◆受过管理学、法律知识、产品知识、财务知识、公共关系等方面的培训。
经验：
◆有 2 年以上相关工作经验；
◆有独立工作能力和管理的经验。
技能：
◆具有较强的时间管理能力；
◆工作效率高，能够有效控制工作进度；
◆优秀的外联与公关能力，具备解决突发事件能力；
◆较强的分析、解决问题能力；
◆熟练的英语听、说、读、写、译能力；
◆能熟练使用办公软件和设备。
个性特征：
◆思路清晰，考虑问题全面细致；
◆形象气质好、性格开朗、自律性强、工作敬业、有良好的团队合作精神。

工作环境

办公室。
工作环境较舒适，基本无职业病危险。

1.8 秘书职能描述

职位名称	秘书	职位代码		所属部门	行政部
直属上级	行政经理	管辖人数		职等职级	
晋升方向	高级秘书 行政经理	候选渠道		轮转岗位	
薪金标准		填写日期		核准人	

工作内容

◆负责办公室日常事务，对其他行政和业务方面的工作提供行政支持；
◆接听电话，向电话询问者提供信息，记录留言，转接电话；
◆收发日常邮件；
◆回复日常邮件；
◆撰写会议通知、会议纪要、日常信件和工作报告；
◆会谈、会务安排；
◆将信件及其他记录归档；
◆备份信件及其他文档；
◆安排商务旅行，做好预订工作；
◆接待访客；
◆采购、分发和控制办公用品；
◆分发钱款，进行简单的账务管理。

任职资格

教育背景：
◆秘书、中文等相关专业大专及以上学历。
培训经历：
◆受过文书写作、档案管理、基础财务知识等方面的培训。
经验：
◆1 年以上工作经验。
技能：
◆熟练使用操作办公自动化设备，包括计算机、打印机、传真机、复印机等；
◆有良好的文字表达能力，有一定英语基础，具备较强的听说能力。
个性特征：
◆认真负责，能良好地执行交办工作；
◆工作效率高，条理性强，有团队合作精神；
◆保密意识强。

工作环境

办公室。
工作环境舒适，基本无职业病危险。

1.9 前台职能描述

职位名称	前台	职位代码		所属部门	行政部
直属上级	行政经理	管辖人数		职等职级	
晋升方向	行政助理	候选渠道		轮转岗位	
薪金标准		填写日期		核准人	

工作内容

◆回答询问，收集客户、访客及其他单位的信息，提供有关公司和办事处地址、公司员工的信息，完成领导分配其他的文职工作；
◆接待访客，搞清其来访目的，引导其至相应地点，回答问题并提供信息；
◆负责公司电话记录、分转、服务工作；
◆向客户转达信息和文件；
◆记录、整理、输入信息；
◆向员工传达信息；
◆打印备忘录、出差凭证及其他文档；
◆接受并解决客户及公众的投诉；
◆负责员工出差预订机票、火车票、客房等，差旅人员行程及联络登记；
◆接收款项和发票；
◆维护大堂、接待区域内的整洁，进行该区域内的报纸杂志、盆景植物的日常维护和保养；
◆协助人事部对公司员工考勤的管理；
◆完成上级领导交办的其他工作。

任职资格

教育背景：
◆文秘相关专业中专及以上学历。
培训经历：
◆受过文书写作、档案管理、基础财务知识等方面的培训。
经验：
◆1 年以上工作经验。
技能：
◆熟练使用操作办公自动化设备，包括计算机、打印机、传真机、复印机等；
◆有良好的文字表达能力，有一定英语基础，具备较强的听说能力。
个性特征：
◆认真负责，能较好地执行上级交办的工作；
◆工作效率高，条理性强，有团队合作精神；
◆保密意识强。

工作环境

办公室。
工作环境较舒适，基本无职业病危险。

1.10 人力资源总监职能描述

职位名称	人力资源总监	职位代码		所属部门	人力资源部
直属上级	总经理	管辖人数		职等职级	
晋升方向		候选渠道		轮转岗位	
薪金标准		填写日期		核准人	

工作内容

◆编制公司人力资源规划；
◆组织公司人员招聘活动；
◆办理公司员工人事变动事宜；
◆建立健全公司人力资源管理制度；
◆负责劳动合同的签订和管理工作，代表公司解决劳动争议、纠纷或进行劳动诉讼；
◆制定员工培训计划，组织技能考核鉴定和培训实施；
◆组织制定公司考核制度，定期进行员工考核；
◆编制工资计划，审核各职能部门的奖金或提成分配方案；
◆负责公司全员考勤的汇总及整理工作；
◆组织制定生产工人的定额工时制并监督实施；
◆建立公司人力资源管理信息系统，为公司重大人力资源管理决策提供参考依据；
◆完成上级主管交办的其他工作。

权责范围

权力：
◆经总经理授权后，可独立开展人员招聘、录用及考核等工作；
◆有权根据公司有关规定对员工进行日常考核并提出奖惩意见，经公司批准后执行奖惩决定；
◆有权代表公司处理劳动争议或参加劳动诉讼。
责任：
◆对公司人力资源的合理配置、人力资源管理制度的建立健全以及全员劳动合同制的推行负组织责任；
◆发生劳动争议时，负协商处理责任；
◆由于劳动合同的签订与管理不善，发生劳动争议并给公司造成损失，应负相应的经济责任和行政责任。

任职资格

教育背景：
◆人力资源管理、行政管理或相关专业大专及以上学历。
培训经历：
◆受过现代人力资源管理技术、劳动法规、基本财务知识等方面的培训。
经验：
◆从事人力资源管理或人事管理实务工作5年以上。
技能：
◆能够独立解决比较复杂的人事管理实际问题，具有较强的计划、组织、协调能力和人际交往能力，能熟练使用办公软件。

工作环境

办公室。
工作环境舒适，基本无职业病危险。

1.11 招聘专员职能描述

职位名称	招聘专员	职位代码		所属部门	人力资源部
直属上级	招聘主管	管辖人数		职等职级	
晋升方向	招聘主管	候选渠道		轮转岗位	
薪金标准		填写日期		核准人	

工作内容

◆执行招聘、甄别、面试、选择和安置工作；

◆进行聘前测试和简历甄别；

◆向进行招聘的管理人员提供政策、程序和规范方面的培训及指导；

◆发布招聘广告，分析报告及趋势；

◆扩展工作范围，设定起薪；

◆安排招聘广告或寻求招聘机构服务；

◆规划并执行校园招聘计划。

任职资格

教育背景：

◆劳动经济、人力资源管理专业本科以上学历。

培训经历：

◆受过现代人力资源管理技术、劳动法规、财务管理等方面的培训。

经验：

◆1 年以上人力资源管理工作经验。

技能：

◆能熟练使用办公软件；

◆高度的团队协作精神；

◆能够解决一般人事管理实际问题，具有一定的计划、组织、协调能力和人际交往能力。

工作环境

办公室。

工作环境舒适，基本无职业病危险。

1.12 培训专员职能描述

职位名称	培训专员	职位代码		所属部门	人力资源部
直属上级	培训发展经理	管辖人数		职等职级	
晋升方向	培训发展经理	候选渠道		轮转岗位	
薪金标准		填写日期		核准人	
工作内容					
◆制定本单位的培训工作规范、流程和培训计划并及时更新； ◆计划、指导、协调公司内外部培训事务； ◆有效执行培训计划和培训规范流程； ◆与相关部门配合，进行调查研究，明确培训目的； ◆制定、控制培训预算； ◆组织培训材料，开发、利用多媒体辅助设施及其他培训设施； ◆管理各级培训师，对其工作方法、进程、效果进行监督、指导、评价； ◆向培训学员、员工、管理层提供培训信息和协助； ◆确保培训内容和培训方法符合政府有关法律法规的要求。					
任职资格					
教育背景： ◆劳动经济、人力资源管理专业本科及以上学历。 培训经历： ◆受过现代人力资源管理技术、劳动法规、财务管理等方面的培训。 经验： ◆1 年以上人力资源管理工作经验。 技能： ◆能熟练使用办公软件； ◆高度的团队协作精神； ◆能够解决一般人事管理实际问题，具有一定的计划、组织、协调能力和人际交往能力。					
工作环境					
办公室。 工作环境舒适，基本无职业病危险。					

1.13 市场总监职能描述

职位名称	市场总监	职位代码		所属部门	
职　　系		职等职级		直属上级	总经理
薪金标准		填写日期		标准人	

职位概要：

规划制定公司的市场战略与策略，并推进实施，实现市场发展目标。

工作内容

__% 协助总经理制定总体市场发展战略以及市场发展目标；
__% 拓展公司的市场策略，把握公司在行业中的发展方向和市场定位，及时提供市场反馈；
__% 制定和实施年度市场推广计划和产品计划，协助营销中心制定业务计划，配合市场推广业务计划；
__% 制定与实施各产品线价格体系及营销战略、营销策略、地区覆盖策略及推广计划，并组织相关人员培训；
__% 制定公司品牌管理策略，维护公司品牌；
__% 指导、参与市场的开拓、渠道管理等日常工作；
__% 管理监督公司市场费用使用、控制工作以及本部门管理工作。

任职资格

教育背景：
◆市场营销或相关专业本科及以上学历。
培训经历：
◆接受过战略管理、组织变革管理、管理能力开发、市场营销、合同法、财务管理、谈判技巧等方面的培训。
经验：
◆8 年以上企业市场管理工作经验，3 年以上市场部经理工作经验。
技能技巧：
◆对市场营销工作有深刻认知；
◆有较强的市场感知能力和敏锐地把握市场动态、市场方向的能力；
◆与媒体有密切的合作关系，具备大型活动的现场管理能力；
◆熟练操作办公软件；
◆优秀的英语听、说、读、写能力。
态度：
◆工作努力，积极进取，责任心强；
◆高度的工作热情，良好的团队合作精神；
◆较强的观察力和应变能力；
◆出色的人际沟通能力、团队建设能力、组织开拓能力。

工作环境

办公室。
工作环境基本舒适。
基本无职业病危险。

1.14 公关部主管职能描述

职位名称	公关部主管	职位代码		所属部门	市场部
直属上级	市场经理	管辖人数		职等职级	
晋升方向	市场经理	候选渠道		轮转岗位	
薪金标准		填写日期		核准人	

工作内容

◆全面负责市场公关计划的制定和执行，配合公司项目，提供公关方面支持；

◆负责市场公关活动的策划与监督实施；

◆负责公司名誉管理和危机处理；

◆定期提交公关活动报告并对市场整体策略提供建议；

◆建立媒体数据库并维系紧密的媒体关系，参与制定及实施公司新闻传播计划；

◆提供客户开拓及促销、联盟、业务拓展等公关支持；

◆进行公关文档的建立和管理，与公司相关新闻稿的撰写工作。

任职资格

教育背景：

◆公共关系、新闻、中文或教育专业本科及以上学历。

培训经历：

◆受过市场营销、公共关系、产品知识等方面的培训。

经验：

◆至少2年以上市场、新闻媒体工作经验，有担任过1年以上公关经理的经验。

技能：

◆策划、制定公司整体形象以及产品推广公关计划并实施；

◆独立完成新闻宣传计划或与相关公司合作，实施新闻宣传的监督及效果的评估；

◆创建并维护公司的媒介资源网络，建立与政府部门、大客户良好的沟通渠道以及与有关部门的良好关系；

◆有较强的市场感知力，能敏锐地感知市场动态，把握市场发展方向；

◆优秀的人际交往和协调能力，极强的社会活动能力；

◆较强的语言和文字表达能力。

个性特征：

◆高度的工作责任心和工作热情，良好的团队合作精神，较强的观察力和应变能力。

工作环境

办公室。

工作环境较舒适，基本无职业病危险。

1.15　策划部经理职能描述

职位名称	策划部经理	职位代码		所属部门	市场部
直属上级	市场经理	管辖人数		职等职级	
晋升方向	市场经理	候选渠道		轮转岗位	
薪金标准		填写日期		核准人	

工作内容

◆负责公司企划部门的管理与发展；

◆建立公司的公关、市场、战略合作、外联、代言人、客户关系的组织；

◆独立完成专业广告策划案、品牌推广方案、市场策划案等。

任职资格

教育背景：

◆营销、广告、中文、传播等专业本科及以上学历。

培训经历：

◆受过公共关系、广告策划、市场营销、产品知识、产业经济等方面的培训。

经验：

◆具备 3 年以上相关成功工作经验。

技能：

◆具备较强的逻辑思维能力和对新领域的认知能力；

◆具备基本的市场营销常识、传播学理论知识、广告理论基础；

◆对企业 CIS 导入有较深的认识和独到的见解。

个性特征：

◆具备良好的职业意识、服务意识。

工作环境

办公室。

工作环境较舒适，基本无职业病危险。

1.16 客户经理职能描述

职位名称	客户经理	职位代码		所属部门	销售部
直属上级	销售经理	管辖人数		职等职级	
晋升方向	销售经理	候选渠道		轮转岗位	
薪金标准		填写日期		核准人	
工作内容					
__%策划、组织有关的市场活动； __%分析客户需求，保持与客户的良好关系，寻求机会发展新的业务； __%管理、参与和跟进咨询项目； __%与相关媒体保持良好的关系； __%协调咨询员的业务活动； __%建立管理数据库，跟踪分析相关信息； __%同客户所在公司各部门建立并保持良好的工作关系； __%获得并保持主管要求的最低总利润； __%为公司提供精确的市场信息，主要关注未来趋势。					
任职资格					
教育背景： ◆市场营销或相关专业本科及以上学历。 培训经历： ◆受过市场营销、产品知识、产业经济、公共关系等方面的培训； 经验： ◆2年以上工作经验。 技能： ◆沟通协调能力强； ◆优秀的沟通、演示技巧； ◆扎实的分析技巧及策略规划的变通技巧。 个性特征： ◆积极主动、刻苦，忠于业务。					
工作环境					
办公室，经常出差。 工作环境比较舒适，基本无职业病危险。					

1.17 销售代表职能描述

职位名称	销售代表	职位代码		所属部门	销售部
直属上级	销售主管	管辖人数		职等职级	
晋升方向	销售主管	候选渠道		轮转岗位	
薪金标准		填写日期		核准人	

工作内容

◆客户关系管理，完成公司的销售任务；

◆建立客户关系；

◆识别商业机会；

◆捕捉商业机会；

◆签单及收款；

◆客户满意度调查。

任职资格

教育背景：

◆市场营销专业大专及以上学历。

培训经历：

◆受过市场营销、产品知识等方面的培训。

经验：

◆有一定销售经验。

技能：

◆熟练使用 Microsoft Office，英语流利；

◆较强的学习与适应能力；

◆良好的表达与沟通能力。

个性特征：

◆乐观进取，勤奋务实，愿意尝试挑战性工作。

工作环境

办公室，经常出差。

工作环境比较舒适，基本无职业病危险。

1.18 数据库应用开发工程师职能描述

<table>
<tr><td>职位名称</td><td>数据库应用开发工程师</td><td>职位代码</td><td></td><td>所属部门</td><td>技术部</td></tr>
<tr><td>直属上级</td><td>技术部经理</td><td>管辖人数</td><td></td><td>职等职级</td><td></td></tr>
<tr><td>晋升方向</td><td></td><td>候选渠道</td><td></td><td>轮转岗位</td><td></td></tr>
<tr><td>薪金标准</td><td></td><td>填写日期</td><td></td><td>核准人</td><td></td></tr>
<tr><td colspan="6">工作内容</td></tr>
<tr><td colspan="6">__% 与其他工程师协同进行电子商务网站的开发；
__% 负责大型数据库的设计开发和管理。</td></tr>
<tr><td colspan="6">任职资格</td></tr>
<tr><td colspan="6">教育背景：
◆大专以上学历。
培训经历：
◆受过数据库设计、组织知识等方面的培训。
经验：
◆2 年以上相关工作经验。
技能及个性特征：
◆英语阅读能力强；
◆需要具有完整的应用开发周期经验，熟悉设计、编码、测试、实施等各阶段工作；
◆良好的关系型数据库知识背景，熟悉 SQL Server 数据库，具有 Oracle 数据库近期开发经验者尤佳；
◆熟悉 Windows，NT，Unix，Linux 操作系统及其以上应用程序开发；
◆良好的技术实施、设计以及体系结构技能；
◆掌握 HTML，HTTP，CGI / Perl，ASP，PHP，具备 C，C ++ 和 Java 实践经验者尤佳；
◆处理紧急任务时具有合理安排时间和独立工作的能力；
◆具备团队合作精神，并愿意分担其他工程项目职责；
◆有进取心、责任感，勇于接受挑战，喜欢从事富有挑战性的工作；
◆能胜任在压力下工作，有能力面对挑战。</td></tr>
<tr><td colspan="6">工作环境</td></tr>
<tr><td colspan="6">办公室。
工作环境基本舒适，基本无职业病危险。</td></tr>
</table>

1.19 平面设计人员职能描述

职位名称	平面设计人员	职位代码		所属部门	市场部
直属上级	市场经理	管辖人数		职等职级	
晋升方向		候选渠道		轮转岗位	
薪金标准		填写日期		核准人	

工作内容

__%公司日常宣传策划设计制作、公司展览会议布置；

__%协助其他部门人员完成美学方面的工作；

__%协助网页设计人员产品图片整理、企业徽标处理；

__%公司 PC 作品 MAC 机检验、客户数码照相处理、公司每月市场活动宣传品配合。

任职资格

教育背景：

◆大专及以上学历。

培训经历：

◆受过平面设计、消费者心理学、产品知识等方面的培训。

经验：

◆2 年以上相关工作经验。

技能及个性特征：

◆英语阅读能力强；

◆有美术功底；

◆熟练使用 PageMaker6.5，FreeHand8.0，Illustrator8.0，Quark Xpress，Streamline；

◆精通 Photoshop7.0，GIF Animator3.0，CorelDraw 8.0；

◆了解 3DMAX，Director，Authorware，MaYa 者优先；

◆有进取心、责任感，勇于接受挑战，喜欢从事富有挑战性的工作；

◆能胜任在压力下工作，有能力面对挑战。

工作环境

办公室。

工作环境基本舒适，基本无职业病危险。

1.20 制造部经理职能描述

职位名称	制造部经理	职位代码		所属部门	生产部
直属上级	生产主管	管辖人数		职等职级	
晋升方向	生产主管	候选渠道		轮转岗位	
薪金标准		填写日期		核准人	

工作内容

__%组织、计划、指导、控制及协调生产过程中的各种活动和资源，以达到公司对成本控制、产品数量及质量等方面的要求；

__%根据生产加工流程和技术要求确定所需人员的资格条件、工作步骤及工作任务分配；

__%主持部门员工的任用、培训、评估等各项工作；

__%与科研开发等其他相关部门密切合作进行新产品开发、技术和工艺流程革新以及产品质量改进；

__%制定及实施库存和生产成本控制计划；

__%分析生产制造、质量控制、设备维护及其他相关工作报告，及时发现并解决问题；

__%主持与供应商的价格谈判；

__%分析市场供应状况，对目前及未来的供应情况进行预测，完成有关分析报告；

__%编制部门预算，审批部门工作各环节的费用；

__%协调制定、维修及改造生产设施和设备的工作制度和工作流程；

__%收集竞争对手情况，向管理层提供有关分析报告。

任职资格

教育背景：

◆理工科或工业管理专业本科以上学历。

培训经历：

◆受过生产作业管理、管理学、产品知识等方面的培训。

经验：

◆5 年以上工作经验。

技能：

◆熟悉生产制造流程；

◆熟练操作办公软件；

◆较强的人际交往能力和团队协作精神；

◆较强的团队建设和领导能力。

工作环境

办公室及生产场所。

工作条件基本舒适，基本无职业病危险。

1.21　生产主管职能描述

职位名称	生产主管	职位代码		所属部门	生产部
直属上级	生产总监	管辖人数		职等职级	
晋升方向	生产总监	候选渠道		轮转岗位	
薪金标准		填写日期		核准人	

工作内容

◆协调生产管理团队的工作；
◆进行项目管理；
◆调研、寻觅及核实客户需求，制定与执行方案；
◆领导制定产品使用说明文档；
◆规划并完成组织生产目标；
◆与组织其他部门协作，共同满足现有及潜在客户的需求。

任职资格

教育背景：
◆理工科或相关专业大学本科及以上学历。
培训经历：
◆受过生产作业管理、管理学、产品知识等方面的培训。
经验：
◆5 年以上直接的生产管理经验；
◆丰富的管理专业员工的经验。
技能：
◆熟悉所在产业的生产状况；
◆熟悉生产规程及质量标准；
◆熟练操作办公软件；
◆良好的人际交往能力和团队协作精神；
◆较强的领导能力和号召力；
◆善于表达自己及团队思想；
◆能适应高压工作。

工作环境

办公室及生产场所。
工作条件比较舒适，基本无职业病危险。

1.22 质量安全经理职能描述

职位名称	质量安全经理	职位代码		所属部门	生产部
直属上级	生产主管	管辖人数		职等职级	
晋升方向	生产主管	候选渠道		轮转岗位	
薪金标准		填写日期		核准人	
工作内容					
__%指导组织质量安全运作； __%开发及控制质量规划； __%监控生产部门执行质量安全标准及程序； __%对生产工人进行质量安全培训； __%提出改进产品质量，设计及流程的方案； __%监督质量安全专家、巡视员工工作。					
任职资格					
教育背景： ◆理工科本科及以上学历。 培训经历： ◆受过产品标准与规范、管理学、产品知识等方面的培训。 经验： ◆4 年以上工作经验。 技能： ◆熟练操作办公软件； ◆熟悉质量安全运作流程； ◆较强的人际交往能力和团队协作精神； ◆较强的领导能力； ◆善于发现问题，解决问题。					
工作环境					
办公室及生产场所。 工作条件比较舒适，基本无职业病危险。					

1.23 物流主管职能描述

职位名称	物流主管	职位代码		所属部门	物流中心
直属上级	生产总监	管辖人数		职等职级	
晋升方向	生产总监	候选渠道		轮转岗位	
薪金标准		填写日期		核准人	

工作内容

__%控制送货和仓储成本以符合公司目标；

__%管理物流提供商以使货物送达目标客户手中并不断促进对客户的服务水平；

__%保证日常操作顺畅有效；

__%提供实时管理和作业报告，保持计算机系统和手工操作系统数据精确；

__%保持实际存货 100%精确；

__%安置、组织并调动整个团队充分执行目标要求的任务；

__%确保区域层面上的最优组合。

任职资格

教育背景：

◆工程专业本科及以上学历。

培训经历：

◆受过项目管理、生产作业管理等方面的培训。

经验：

◆4 年以上仓储和送货经验，有外商投资企业经验尤佳。

技能：

◆具有项目管理能力；

◆英语说写良好；

◆积极的工作态度，愿意在飞速发展的产业中工作，愿意承受高强度的压力。

工作环境

办公室。

工作环境比较舒适，基本无职业病危险。

1.24 采购主管职能描述

职位名称	采购经理	职位代码		所属部门	物流中心
直属上级	物流主管	管辖人数		职等职级	
晋升方向		候选渠道		轮转岗位	
薪金标准		填写日期		核准人	

工作内容

__%规划、指导和协调原料、产品及服务的采购工作；

__%指导并协调采购、提货、供应等工作；

__%预算并控制采购费用；

__%规范、协调采购政策和行为，确保公司利益；

__%代表公司制定采购制度，与供应商进行合同谈判；

__%审核采购定单和调拨单；

__%分析市场和货运配送系统，确定短期和长期的供应商和供应渠道；

__%根据市场行情提供采购费用报告；

__%研究并改进工作流程和操作规范，完善单证和账簿管理。

任职资格

教育背景：

◆大学本科及以上学历。

培训经历：

◆受过物流管理、商务谈判、经济法、产品知识等方面的培训。

经验：

◆丰富的生产、制造管理经验；

◆可靠的后勤管理知识和工作经验。

技能：

◆丰富的流程管理技能。

工作环境

办公室。

工作环境比较舒适，基本无职业病危险，经常出差。

1.25 项目经理职能描述

职位名称	项目经理	职位代码		所属部门	
直属上级		管辖人数		职等职级	
晋升方向		候选渠道		轮转岗位	
薪金标准		填写日期		核准人	

工作内容

◆进行市场调研；
◆客户需求调研及解决方案产品设计；
◆项目实施管理；
◆渠道培训和销售管理；
◆研究制定电子商务解决方案及对项目的销售与咨询；
◆项目跟踪、管理、实施与协调；
◆组织编写符合市场需要、满足客户需求的解决分析方案；
◆为客户准备、规划并提供培训方案及执行；
◆经常性地对项目回顾；
◆售前演示和建议准备；
◆协助、支持团队进行活动；
◆对顾问小组的项目管理负责并确保为客户提供高质量的服务；
◆不断进行技术分享和训练。

任职资格

教育背景：
◆企业管理专业本科及以上学历。
经验：
◆2 年以上相关项目管理及商务谈判经验；
◆有供应链管理、销售渠道管理经验。
技能及个性特征：
◆熟悉 SQL 服务器；
◆熟悉 ERP/MRPII 及相关财务应用软件；
◆具备较强的沟通和表达技能；
◆诚实，有毅力；
◆积极的工作态度和强烈的职业责任感；
◆敬业，具有团队与合作精神；
◆英语说写流利。

工作环境

办公室。
工作环境基本舒适，基本无职业病危险，经常出差。

1.26　广告专员职能描述

职位名称	广告专员	职位代码		所属部门	市场部
直属上级	策划部经理	管辖人数		职等职级	
晋升方向	策划部经理	候选渠道		轮转岗位	
薪金标准		填写日期		核准人	

工作内容

◆积极寻找新的广告客户，并维护已有客户关系；

◆充分理解公司业务以及行业特点，结合客户要求制定广告投放方案，做出相应财务预算；

◆树立良好的形象及信誉，发展长期客户；

◆按时提交工作汇报表，严格遵守公司各项规定；

◆执行公司广告业务的外购、制造分析；

◆监督广告机构对公司业务的执行情况；

◆监督广告合同的执行情况；

◆寻求最佳外部广告机构为公司服务；

◆协助签订广告合同。

任职资格

教育背景：

◆广告及相关专业大专及以上学历。

培训经历：

◆受过市场营销、广告创意、产品知识等方面的培训。

经验：

◆2 年以上相关工作经验。

技能：

◆熟悉广告市场行情；

◆了解广告业务操作流程；

◆良好的人际交往能力和团队协作精神。

个性特征：

◆有较强的表达与理解能力，有强烈的求知欲望；

◆有责任心、进取心，善于思考；

◆具有良好的组织协调能力。

工作环境

办公室。

工作环境较舒适，基本无职业病危险。

第 2 章

员工的招聘、面试与录用

2.1 员工招聘管理制度

总则

为保障公司快速发展所需的人力资源，强化招聘管理工作，特制定本规定，公司所有正式员工招聘录用一律按此规定办理。外聘专家、临时工及返聘人员不在此列。

第 1 条 招聘类型

招聘分为两类：新建公司（含分公司和门市）首期及后期的集体招聘、补充空缺职位的个别招聘。

第 2 条 首期集体招聘

新建公司的首期招聘由总公司人力资源部制定招聘计划，报公司主管领导审批后统一组织招聘工作。首期集体招聘主要是主管级管理干部及专业技术人员招聘。招聘工作在开业前 3 ~ 5 个月进行。

第 3 条 后期集体招聘

新建公司的后期集体招聘由地区人力资源部在编制指标内制定招聘计划，报总公司人力资源部审批，批准后由分公司人力资源部组织实施。招聘人员是首期招聘人员及其他新人员。时间在开业前____天进行。

第 4 条 个别招聘

年初编制范围内的个别招聘，由各级人力资源部门自行组织招聘；编制之外的招聘，由用人部门向同级人力资源部门提出申请，经逐级审批，批准后方可招聘。

第 5 条 报到

经招聘考核，被录用者于指定日期到人力资源部门报到，人力资源部门为其办理报到手续，并向用人部门开具《报到通知单》。报到日即为起薪日。逾期不报到者，视同自动放弃，以后不再录用。

第 6 条　试用

公司所有新聘员工一律实行 3 个月的试用期。试用期内表现优秀的员工可以提前1 ~2个月转正；对表现不佳的，公司有延长试用期直至解除劳动关系的权力。试用期最长不超过 6 个月。试用期员工的薪资福利按公司薪酬福利的相关管理规定办理。

第 7 条　体检

所有新聘员工转正前必须体检。体检不合格者不能转正。体检由人力资源部门统一安排。

第 8 条　转正

员工试用期满，填写《员工转正审批表》，用人部门签署考核意见，报人力资源部门审核，主管领导审批，批准后转正。

第 9 条　劳动合同

公司实行全员合同制。员工报到时，阅读《员工手册》，认同且同意遵守并签回执后，公司与其签订劳动合同。

合同期限：普通员工合同期为 1 年，技工经批准可为 2 年；管理干部及主要业务、技术骨干（含大学本科毕业生）合同期为 2 ~3 年；店长以上高级管理人员合同期为3 ~5年。

第 10 条　人事档案

员工的人事档案在员工转正后调入公司，由人力资源部门按照管理权限分级管理。

附　则

招聘临时工应签订临时用工协议，由同级人力资源部门管理。工作考核表现优秀的，在年初编制内可转为正式合同工。

本规定自下放之日起生效，解释权属总公司人力资源部。

2.2 招聘流程图

公司原有的用人要求
公司出现新的职位
公司是否已批准补充职工
[人事部门(报总经理)]
否
终止
是
是否已有工作说明书、工作规范(人事部门)
有
无
审查、修订、更新工作说明书
工作分析、形成工作说明书
确定工作要求和工作期限(人事部门/总经理)
公司内部是否能够找到合适职工(人事部门或总经理)
能
否
公司内部选聘、任命职工(人事部门)
外部招聘(人事部门)

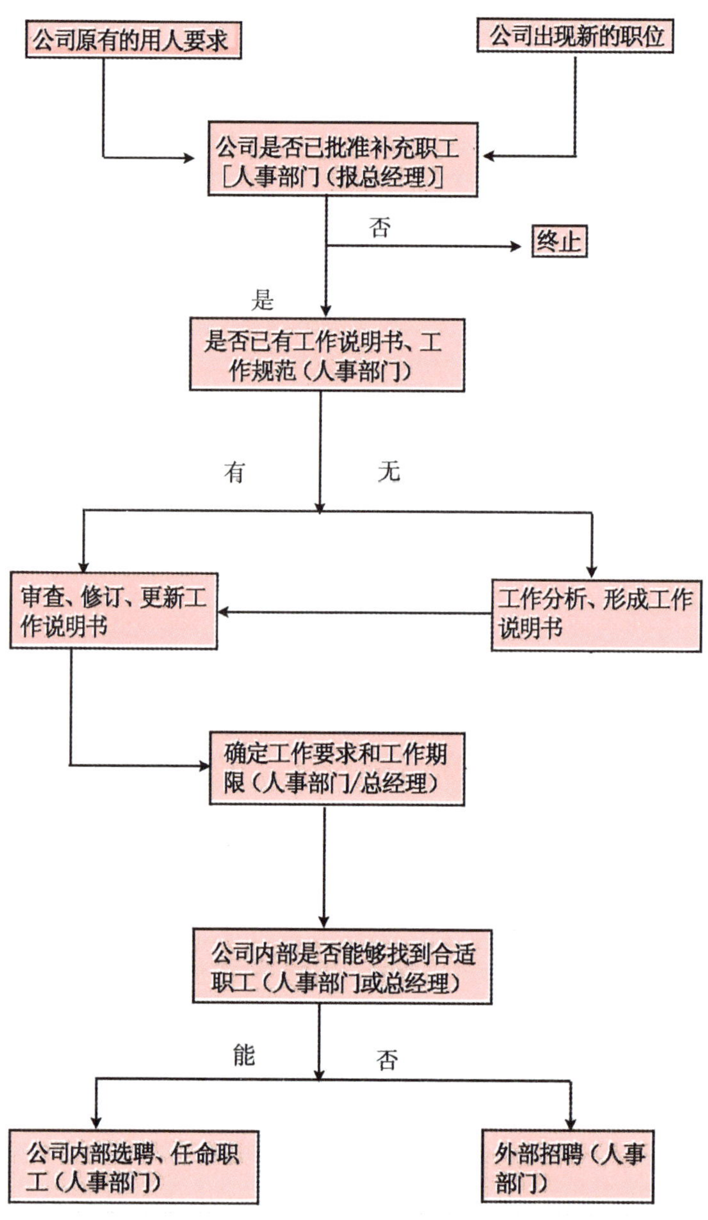

2.3 年度招聘计划报批表

部门有关情况	录用部门	录用职位概况				考试方法和其他		
		职位名称	人数	专业	资格条件	考试方法	招考范围	招考对象
公司核定的编制数								
本年度缺编人数								
本年度计划减员数								
本年度拟录用人数								
备　注								

年　月　日

2.4 员工招聘申请书

<table>
<tr><td colspan="2">申请单位</td><td colspan="5"></td><td>申请日期</td><td></td></tr>
<tr><td colspan="2">申请人数</td><td></td><td>职位名称</td><td colspan="3"></td><td>原有人数</td><td></td></tr>
<tr><td colspan="2">职务类别</td><td colspan="2">□原有　□新增</td><td colspan="3">□永久　□临时</td><td colspan="2">□职员　□工人</td></tr>
<tr><td colspan="2">雇用事由</td><td colspan="7"></td></tr>
<tr><td colspan="2">拟核工资</td><td></td><td>试用期间</td><td></td><td>正式</td><td></td><td>津贴</td><td>最低　最高</td></tr>
<tr><td rowspan="11">聘用人员条件</td><td>姓名</td><td></td><td>年龄</td><td colspan="2"></td><td>性别</td><td colspan="2"></td></tr>
<tr><td>教育程度</td><td colspan="7"></td></tr>
<tr><td>特别训练</td><td colspan="7"></td></tr>
<tr><td rowspan="6">工作经验</td><td>种类</td><td colspan="2">程度或年数</td><td colspan="2">种类</td><td colspan="2">程度或年数</td></tr>
<tr><td>打字</td><td colspan="2"></td><td colspan="2">机械设计</td><td colspan="2"></td></tr>
<tr><td>珠算</td><td colspan="2"></td><td colspan="2">管理分析</td><td colspan="2"></td></tr>
<tr><td>账务</td><td colspan="2"></td><td colspan="2">市场调查</td><td colspan="2"></td></tr>
<tr><td>销售</td><td colspan="2"></td><td colspan="2">现场管理</td><td colspan="2"></td></tr>
<tr><td colspan="7"></td></tr>
<tr><td>其他能力</td><td colspan="7"></td></tr>
<tr><td colspan="4">直接主管：</td><td colspan="5">拟到职日期：</td></tr>
<tr><td>核示</td><td colspan="2"></td><td>审核</td><td colspan="2"></td><td>申请人</td><td colspan="2"></td></tr>
<tr><td>承办</td><td colspan="8"></td></tr>
</table>

2.5 应聘人员基本情况登记表

应聘（岗位）职务：__________ ______年______月______日 No. ________

姓名		性别		民族		出生日期		照片
籍贯				身份证号码				
文化程度		所学专业		健康状况				
家庭详细住址								
婚姻状况				联系电话				
电子邮箱				邮政编码				

学业经历	起止年月	学校名称	所学专业	外语语种及程度

工作经历	起止年月	工作单位	工作内容	职务	月薪	离职原因

家庭成员	姓名	与本人关系	工作单位	职务	电话

何时何地受过何种奖励或处分					
个人特长及自我鉴定					
能否出差		能否加班		期望薪资	
人事员意见		主管意见		经理意见	

注：用于招聘时使用，由应聘人员填写，以上所填上述各项均属事实，若有不实或虚构，愿受取消申请资格或受雇后除名之处分。

2.6 面谈记录范本

姓名______________ 申请职位______________

1. 工作兴趣

- 你认为这一职位涉及哪些方面的工作？
- 你为什么想做这份工作？
- 你为什么认为你能胜任这方面的工作？
- 你对待遇有什么要求？
- 你怎么知道我们公司的？

2. 目前的工作状况

- 如果可能，你什么时候可以到我们公司上班？
- 你的工作单位是什么？工作职务？

3. 工作经历

- 你的工作任务是什么？
- 在该公司工作期间你一直是从事同一种工作吗？
- 如果不是，说明你曾从事过哪些不同的工作、时间多久及各自的主要任务。
- 你最初的薪水是多少？现在的薪水是多少？
- 你为什么要辞去那份工作？

4. 教育背景

- 你认为你所受的哪些教育或培训将帮助你胜任你申请的工作？
- 对你受过的所有正规教育进行说明。

5. 工作以外的活动（业余活动）

- 工作以外你做些什么？

6. 个人问题

- 你愿意出差吗？

- 你最大限度的出差时间可以保证多少？
- 你能加班吗？
- 你周末可以上班吗？

7. 自我评估

- 你认为你最大的优点是什么？
- 你认为你最大的缺点是什么？

8. 你期望的薪水是多少？
9. 你为什么要换工作？
10. 你认为你上一个工作的主要工作成绩是什么？
11. 你对你上一个工作满意的地方在哪里，还有哪些不满？
12. 你与你的上、下级及同事的关系怎么样？
13. 你认为你有哪些有利的条件来胜任将来的职位？
14. 你对我们公司的印象怎样？包括规模、特点、竞争地位等。
15. 你对申请的职位的最大兴趣是什么？
16. 介绍一下你的家庭情况。
17. 对你的工作有激励作用的因素有哪些？
18. 你更喜欢独自工作还是协作工作？

2.7 员工面谈记录表

<table>
<tr><td>姓名</td><td colspan="4"></td><td>应聘职位</td><td></td></tr>
<tr><td>用表提要</td><td colspan="6">请主持面谈人员，就适当之格内划√，无法判断时，请免打√。</td></tr>
<tr><td colspan="2" rowspan="2">评分项目</td><td colspan="5">配分</td></tr>
<tr><td>5</td><td>4</td><td>3</td><td>2</td><td>1</td></tr>
<tr><td colspan="2" rowspan="2">仪容　礼貌　精神
态度　整洁　衣着</td><td>极佳</td><td>佳</td><td>平实</td><td>略差</td><td>极差</td></tr>
<tr><td></td><td></td><td></td><td></td><td></td></tr>
<tr><td colspan="2" rowspan="2">体格、健康</td><td>极佳</td><td>佳</td><td>普通</td><td>稍差</td><td>极差</td></tr>
<tr><td></td><td></td><td></td><td></td><td></td></tr>
<tr><td colspan="2" rowspan="2">领悟、反应</td><td>特强</td><td>优秀</td><td>平平</td><td>稍慢</td><td>极劣</td></tr>
<tr><td></td><td></td><td></td><td></td><td></td></tr>
<tr><td colspan="2" rowspan="2">对其工作各方面及有关事项之了解</td><td>充分了解</td><td>很了解</td><td>尚了解</td><td>部分了解</td><td>极少了解</td></tr>
<tr><td></td><td></td><td></td><td></td><td></td></tr>
<tr><td colspan="2" rowspan="2">所具经历与本公司的配合程度</td><td>极配合</td><td>配合</td><td>尚配合</td><td>未尽配合</td><td>未能配合</td></tr>
<tr><td></td><td></td><td></td><td></td><td></td></tr>
<tr><td colspan="2" rowspan="2">前来本公司
服务的意志</td><td>极坚定</td><td>坚定</td><td>普通</td><td>犹疑</td><td>极低</td></tr>
<tr><td></td><td></td><td></td><td></td><td></td></tr>
<tr><td rowspan="3">外文能力</td><td>区分</td><td>极佳</td><td>好</td><td>平平</td><td>略通</td><td>不懂</td></tr>
<tr><td>英文</td><td></td><td></td><td></td><td></td><td></td></tr>
<tr><td>日文</td><td></td><td></td><td></td><td></td><td></td></tr>
<tr><td>总评</td><td colspan="6">□拟予试用　　　　面谈人：
□列入考虑
□不予考虑　　　　日期：　　月　日</td></tr>
</table>

2.8 面试结果评价表

评价项目：	评分
求职者的仪表和姿态是否符合本工作要求?	
求职者的态度及工作抱负与本单位的工作目标是否一致?	
求职者的气质、性格类型是否符合本项工作的要求?	
求职者的工作意愿是否能够在本单位得到满足?	
求职者的专长能否符合所聘用职位的工作要求?	
求职者的工作经历是否符合所聘用职位的要求?	
求职者的教育程度是否符合所聘职位的要求?	
求职者所要求的待遇及工作条件是否适合本单位所能提供的条件?	
求职者的自我表现能力（包括表情、语言、自信）如何?	
求职者的潜能是否在本单位有继续发展的可能?	
求职者的口头表达能力如何?	
求职者的综合分析能力如何?	
求职者的想象力和创造力如何?	
求职者的工作热情和事业心如何?	
求职者是否有足够的精力担当此项工作?	
求职者所表现出来的综合素质是否足以担当所要任命的工作职务?	
求职者的随机应变能力如何?	
综合评语以及录用建议： 主考官签字：	

2.9　面试指导书范本

准备面试阶段

凡事预则立，不预则废。有效的面试始于精心的准备。你的第一项任务是回顾从招聘表、简历、电话考察等来源得到的关于应聘者的信息。然后根据这些背景信息整理出一个面试指导。面试准备步骤表会指导你完成这项工作。它包括面试中两个部分的准备：对主要背景进行了解以及具体行为类问题的询问。它同时让你对进行每个部分的时间做出大概的估计，这将帮助你在实际面试中有效地分配和管理时间。

面试开始的初始印象往往决定了整个面试的基调。为了得到一个正面的印象，我们需要安排好一个专业的面试，并增强应聘者的自尊。这些安排包括消除潜在的干扰，比如电话、传呼以及突然闯入的其他人。一个不受干扰的应聘给应聘者的信息是：这个谈话很重要，面试官认为你也很重要。

尽可能地把面试安排在专用的面试地点。假如你的办公室或工作场所不满足私人谈话的条件，可以使用会议室。假如实在找不到私人谈话的地点，你应使应聘者的背部朝向其他人，使应聘者的谈话更开放。

面试开场白

1. 一个有效的面试开场白应做到以下几点：

（1）让应聘者知道你想从面试中了解到什么、你打算如何去做。

（2）让应聘者知道他将从面试中得到什么。

（3）用积极的、友好的态度。

（4）帮助应聘者消除紧张心理。

2. 欢迎应聘者，告诉他你的名字和职位，为接下来的面试打下积极的基调。

（1）明确表示你欢迎应聘者来应聘本单位的某个职位。

（2）赞扬应聘者的经验和成就，表示你想进一步了解他。

（3）感谢应聘者能够按时来面试。

3. 解释面试的目的，使应聘者明白面试的意义。

（1）面试是双方深入了解的机会。

（2）有助于你进一步了解应聘者的背景和经验。

（3）有助于应聘者了解应聘的职位和组织。

4. 描述面试计划，告诉应聘者你将在面试过程中做的工作。

（1）回顾应聘者的工作和经验，然后问他在过去的工作、经验中做过的事情的实例，以及他是如何做到这一点的。

（2）提供有关信息，并回答应聘者提出的有关职位和组织的问题。

（3）提供为了更好地做出决策，双方都应需要的信息。

（4）在面试过程中做记录。你可以向应聘者解释记录只是为了帮助你以后能记住面试的细节。

5. 简要描述工作说明。

把话题转到主要背景了解部分，告诉应聘者你将开始回顾了解他的背景情况，要告诉他在了解他的背景概貌后，你会问他更详细的信息。这将使应聘者大致明白你想要的信息的详细程度。

主要背景了解

1. 对主要背景了解的准备

你在面试之前对应聘者的背景了解得越多，那么在面试中你将花费越少的时间去了解其主要背景。精心的准备意味着在面试中你只需要花费几分钟来澄清和扩展你已经收集到的信息。除了节省时间以外，你对应聘者背景的了解越熟，应聘者就越能感受到尊重。你要告诉应聘者，他的背景对于你很重要，你还想了解得多一点。这使得面试有了良好的开端，为整个面试定下了积极的基调。

2. 以下是一些帮助你准备背景回顾了解的技巧：

（1）申请材料回顾。把所有有关的申请材料放在一起，包括：简历、申请表以及电话交谈的结果，看看哪些工作和经验与目标工作相关。

（2）工作经验。进一步了解有关这些工作和经验的信息。注意那些你不太清楚以及你想进一步了解的地方（注意：此时你只是在寻找背景信息）。把你的问题写在适当地方。另外，记下你为了了解应聘者的工作经验，还需要什么样的补充问题。

（3）断层。如果应聘者的工作或教育历史中存在断层，应该在背景回顾中和应聘者讨论存在的断层。只有通过交谈，你才能够清楚为什么会存在断层，以及这些断层是否对应聘者有负面影响。

（4）如何做好背景回顾了解。做好背景了解的关键在于要使应聘者能够集中于只提供概貌性的信息。这是因为你要迅速地做完这个部分，至多能用5～8分钟。假如有应聘者开始提供详细的信息，你应该提醒他现在你正在询问一般性的信息，不必说得那么详细。

做完背景回顾了解后，再把话题引向行为类问题部分。告诉应聘者现在讨论需要转向以及他该怎么样回答。比如：

很好，现在我想问你一些工作中的具体情况。当你向我描述这些情况时，希望你能详细告诉我你的行动和结果，怎么样？

以这样的方式导向行为类问题部分，会使应聘者明白他该说些什么和怎么去说。

3. 做好背景回顾了解的技巧

（1）在背景回顾方面不要浪费时间。现在不要问其他的问题，但如果它们出现，可以先在相应的素质部分做个符号，等到该问这项素质时再提醒应聘者继续讲。

（2）集中精力于应聘者的教育和工作史中近期的、显著的以及与目标工作类似的方面。

（3）不要问应聘者年代久远的问题。

（4）当应聘者谈到他以前工作中令他满意和不满意的地方时，注意那些有助于评估其工作合适度、组织合适度以及地点合适度的信息。

（5）不要把断层和工作变换想当然地视为不太好的方面，要找出原因才能判断。

（6）只用必要的主要背景回顾结果。假如某位应聘者在同一职位上待了 10 年，那么他更早期的信息的使用价值很小。

行为类问题

行为类问题部分是面试指导乃至整个目标甄选法的核心。在这部分，你将收集到详细的行为类信息，并用它们来评估应聘者在目标素质上的表现。

- 记录空间。当你记录回答时，能方便地看到是否缺了某个部分，以便用追问技巧来补全。
- 在面试结束后，使用分数框来给应聘者的某项素质打分。
- 面试过程中记录下可观察素质的情况，例如交流能力和影响力这样的可观察素质。

1. 有负面影响的问题

一些事先设计好的行为类问题会问到应聘者的负面或敏感信息。尽管询问应聘者诸如一次错误的决策和一次失败的销售不是一件令人愉快的事情，但有重要的理由说明为什么要询问负面的问题：

（1）可以全面、真实地了解应聘者的行为。为了全面地了解应聘者的行为和公平、准确地评估他，你既需要了解他的成功，也要了解他的失败。

（2）可以了解到应聘者的一些严重缺点。假如一个应聘者因为不当和无效的行为反复失败，你应该在面试过程中就发现它们，而不是直到录用以后才发现。

（3）发现应聘者在哪些方面需要发展。知道应聘者在哪些方面需要改进，你就知道假如录用了这个人，需要花费多大的努力来对他进行培训。

2. 重组问题

你可以自由地根据应聘者的经验和面试流程来改变行为类问题的先后次序。重组问题时要注意：你应该保持问题性质的平衡，即中性问题、正面问题和负面问题的平衡。

（1）不要一次问太多的负面和敏感问题。

（2）应该在负面问题之间给应聘者足够的时间描述他成功的地方。

如果不注意保持问题性质的平衡，可能会使应聘者的自尊心受到伤害，会使他在面试中变得小心谨慎。

结束面试

当你要考察的素质都有了足够的反馈时，就该结束面试了。面试结束指导书能够使你做到：

1. 回顾你的记录，确定你是否需要附加信息或澄清什么信息。如果你真的需要更多的信息，现在就有机会问附加问题。

2. 提供关于职位、组织和地点的信息，回答应聘者的问题。

3. 告诉应聘者招聘以后的步骤，感谢应聘者，结束面试。

2.10 员工聘用规定

第 1 条 为加强本公司员工队伍建设，提高员工的基本素质，特制定本规定。

第 2 条 本公司系统所有员工分为两类：正式员工和短期聘用员工。

正式员工是本公司系统员工队伍的主体，享受公司制度中所规定的各种福利待遇；短期聘用员工指具有明确聘用期的临时工、离退休人员以及少数特聘人员，其享受待遇由聘用合同书中规定。短期聘用员工聘期满后，若愿意继续受聘，经公司同意后可与本公司续签聘用合同，正式员工和短期聘用员工均应与本公司签订合同。

第 3 条 本公司各级管理人员不许将自己亲属介绍、安排到本人所分管的企业里工作，属特殊情况的，需由董事长批准，且介绍人必须立下担保书。

第 4 条 本公司各部门和各下属企业必须制定人员编制，编制的制定和修改权限见人事责权划分表，各部门用人应控制在编制范围内。

第 5 条 本公司需增聘员工时，提倡公开从社会上求职人员中择优录用，也可由内部员工引荐，内部引荐人员获准聘用后，引荐人必须立下担保书。

第 6 条 从事管理和业务工作的正式员工一般必须满足下述条件：

（1）大专及以上学历；

（2）2 年以上相关工作经历；

（3）年龄一般在 35 岁以下，特殊情况不超过 45 岁；

（4）外贸人员还必须至少精通一门外语；

（5）无不良行为记录。

特殊情况人员，经董事长批准后可适当放宽有关条件，应届毕业生及复员转业军人需经董事长批准后方可考虑聘用。

第 7 条 所有应聘人员除董事长特批可免予试用或缩短试用期外，一般都必须经过 3 ~6 个月的试用期后才可考虑聘为正式员工。

第 8 条　试用人员必须呈交下述材料：

（1）由公司统一发给并填写的招聘表格；

（2）学历、职称证明；

（3）个人简历；

（4）近期相片 2 张；

（5）身份证复印件；

（6）体检表；

（7）结婚证或未婚证明；

（8）面试或笔试记录；

（9）员工引荐担保书（由公司视需要而定）。

第 9 条　试用人员一般不宜担任经济要害部门的工作，也不宜安排具有重要经济责任的工作。

第 10 条　试用人员在试用期内待遇规定如下：

（1）基本工资待遇：

高中以下毕业：一等

中专毕业：二等

大专毕业：三等

本科毕业：四等

硕士研究生毕业（含获初级技术职称者）：五等

博士研究生毕业（含获中级技术职称者）：六等

（2）试用人员享受一半浮动工资和劳保用品待遇。

第 11 条　试用人员经试用考核合格后，可转为正式员工，并根据其工作能力和岗位重新确定职业等级，享受正式员工的各种待遇；员工转正后，试用期计入工龄，试用不合格者，可延长其试用期或决定不予聘用；对于不予聘用者，不发任何补偿费，试用人员不得提出任何异议。

第 12 条　正式员工可根据其工作业绩、表现以及年限，由公司办理户口调动。

第 13 条 总公司和各下属公司的各类人员的正式聘用合同和短期聘用合同以及担保书等全部材料汇总保存于总公司人事监察部和劳资部，由上述两个单位负责监督聘用合同和担保书的执行。

第 14 条 本规定适用于总公司、下属全资公司以及由公司控股、管理的合资公司。

2.11 员工聘任书

录用通知

企业名称________________________联系人________________________

1. 报到时间________年__月__日　上（下）午____时____分

2. 报到地____

发聘日期：________年__月__日

应聘保证书

企业名称____________　负责人__________

贵公司于______年__月__日所发录用通知已经收到。本人肯定按贵公司所要求时间报到，保证如约到贵公司就职，上述保证由本人亲属提供担保。

姓名__________（签字或印鉴）现住址____________________________

亲属提保人________（签字或印鉴）现住址________________________

收到日期：________年__月__日

正式聘任书

聘字第______号

兹聘请______先生（小姐）为本公司__________部　_____________（职位）

在聘期间

自________年__月__日起

至________年__月__日止

总经理

________年__月__日发

2.12 员工报到通知书

×××先生（小姐）：

（星期 ）

您应聘本公司 职，经复审，决定录用，请于 年 月 日上午 时，携带下列物品文件及详填函附之表格，向本公司人事部报到：

居民身份证；

个人资料卡；

体检表；

保证书；

二寸半身照片 张。

注意事项：

1. 按本公司之规定，新进员工必须先行试用__个月，试用期间暂时支付月薪______；

2. 报到后，本公司将在愉快的气氛中，为您做职前介绍，包括让您知道本公司人事制度、福利、服务守则及其他注意事项，使您在本公司工作期间满足、愉快。如果您有疑虑或困难，请与本部联系。

此致

人力资源部 启

年 月 日

2.13 新员工试用申请及核定表

<table>
<tr><td rowspan="10">试用申请</td><td>姓名</td><td></td><td>性别</td><td>□男 □女</td><td rowspan="6">试用部门</td><td rowspan="6">依　部　字第　厂处　号奉准增补
拟派任工作：
拟训练计划：
主管：　经办：</td></tr>
<tr><td>籍贯</td><td colspan="3"></td></tr>
<tr><td>年龄</td><td colspan="3"></td></tr>
<tr><td>地址</td><td colspan="3"></td></tr>
<tr><td>服役</td><td colspan="3"></td></tr>
<tr><td>学历</td><td colspan="3"></td></tr>
<tr><td>专长</td><td colspan="3"></td><td rowspan="2">甄选主办部门</td><td rowspan="2">甄选方式：□公开招考　□推荐挑选
甄选日期：　年　月　日
办理经过：
评语：</td></tr>
<tr><td>资历</td><td colspan="3"></td></tr>
<tr><td>直接主管意见</td><td colspan="3"></td><td>人事部门</td><td>预定试用日期：自　年　月　日
至　年　月　日
拟暂工资：自试用日起暂支　元
其他意见：</td></tr>
<tr><td>董事长意见</td><td colspan="3"></td><td>经理意见</td><td></td></tr>
<tr><td>事业关系室</td><td colspan="4"></td><td rowspan="3">试部门</td><td rowspan="3">试用期间：自　年　月　日
自　年　月　日
工作项目：
工作情形：
评语：
□拟正式任用　□拟予辞退
拟给职位：自　月　日起以　任用
拟给工资：自　月　日起支　元
其他：
主管：　经办：</td></tr>
<tr><td>人事部门</td><td colspan="4">考勤记录：
意见：
职位：
薪资：
其他：</td></tr>
<tr><td>直接主管意见</td><td colspan="4"></td></tr>
<tr><td></td><td colspan="2">董事长</td><td colspan="2">总经理</td><td colspan="2">经理</td></tr>
</table>

2.14 员工试用标准表

职别	无工作经验		2 年以下非相关经验		2 年以上非相关工作经验		2 年以下相关工作经验		2 年以上非相关工作经验	
	试用期	工资级别	试用期	工资级别	试用期	工资级别	试用期	工资级别	试用期	工资级别
非技术作业员										
技术作业员										
技术员										
制图员										
一般员工										
初级工程师										
工程师										
高级工程师										
助理										
主管										
业务员										
经理助理										
副总经理										
经理										
总经理助理										

2.15 临时工使用管理方法

总则

第 1 条 为加强公司用工的统一管理，满足公司生产、经营、管理工作不均衡的用人需要，保障公司和临时工的合法权益，特制定本办法。

招用范围和条件

第 2 条 公司招用临时工从事短期、临时、季节性工作，或繁重性体力劳动工作。

第 3 条 临时工必须符合国家规定的劳动年龄，即年满 18 岁，且身体健康，能胜任所从事的工作。

第 4 条 临时工优先从本地居民中招用；确有困难时，经当地劳动部门核准从外地招用。

招用程序

第 5 条 按照人力资源计划、工作需要，填写招聘申请单报公司领导审核。

第 6 条 人事部汇总各部门用工需求，安排临时用工计划。

第 7 条 与正式员工一起或单独招聘。公司招聘管理办法适用于本办法。

第 8 条 公司与临时工本人签订劳动合同，一式若干份，公司、员工、劳动部门分存。

第 9 条 劳动合同期满，公司与临时工办理续聘或终止手续。

临时工待遇

第 10 条 临时工在受聘期间按岗位享受劳动报酬。报酬标准见非正式员工工资标准。

第 11 条 临时工工资包括奖金、有关补贴等。

第 12 条 临时工的劳保用品，与正式员工待遇相同。

第 13 条 临时工享有与正式员工相同的法定节假日、病假、事假待遇，其他假视情况可以特批享受。

第 14 条 临时工的医疗保险、计划生育按国家有关规定执行。

第 15 条 临时工加班工资按照国家有关规定执行。

第 16 条 临时工因病或生病在休病假满未痊愈而被解除劳动合同的，公司酌情一次性发给相当本人 1 ~3 个月工资的补助金。

临时工管理

第 17 条 临时工与正式员工一样应遵守公司的规章制度，同样进行考勤。

第 18 条 除特殊情况，临时工的用工期限不得超过 1 年。

第 19 条 临时工转为正式员工应通过正常招聘程序，在同等条件下享有录用优先权，其临时工龄可累计为连续工龄。

第 20 条 各部门使用临时工的一切费用，均列入部门费用总额内开支，进行费用效益考核。

第 21 条 公司可以依照劳动合同解聘临时工。

第 22 条 临时工可以依照劳动合同辞职。

第 23 条 没有依据劳动合同条款而解除劳动合同给一方造成损失的，应根据损失情况和责任予以赔偿。

第 24 条 任何一方在合同期内因解除劳动合同而发生争议时，按国家和当地政府的有关规定办理。

附则

第 25 条 聘用离退休职工参照本办法。

第 26 条 本办法由人事部解释、补充，经总经理批准颁行。

2.16 临时工雇用资料表

<table>
<tr><td>姓名</td><td></td><td>性别</td><td></td><td>出生
日期</td><td></td><td>籍贯</td><td></td></tr>
<tr><td>学历</td><td colspan="3"></td><td>身份证
号码</td><td colspan="3"></td></tr>
<tr><td>通信地址</td><td colspan="5"></td><td>配偶</td><td></td></tr>
<tr><td>报到
日期</td><td>年　月　日</td><td>投保
日期</td><td colspan="2">年　月　日</td><td>保险卡
号码</td><td colspan="2"></td></tr>
</table>

雇用期限	工作部门	担任工作	工资	核准增补 申请书编号
年　月　日起 年　月　日止				
年　月　日起 年　月　日止				
年　月　日起 年　月　日止				
年　月　日起 年　月　日止				
年　月　日起 年　月　日止				
年　月　日起 年　月　日止				
年　月　日起 年　月　日止				
年　月　日起 年　月　日止				

2.17 试用员工转正考核表

工作证号： 填表时间 年 月 日

<table>
<tr><td>姓名</td><td></td><td>试用部门</td><td></td><td>职位</td><td></td></tr>
<tr><td>入职时间</td><td></td><td>试用期</td><td></td><td>试用期待遇</td><td></td></tr>
<tr><td>员工自我评价
（可另附页）</td><td colspan="5"></td></tr>
<tr><td rowspan="2">部门考核评价</td><td colspan="5">部门经理评价：
签名：</td></tr>
<tr><td colspan="5">人力资源部经理评价：
签名：</td></tr>
<tr><td>常务副总经理
或总经理意见</td><td colspan="5">签名：</td></tr>
<tr><td colspan="2">部门主管意见</td><td colspan="2">人力资源部经理意见</td><td colspan="2">常务副总经理或总经理意见</td></tr>
<tr><td colspan="2">签名：</td><td colspan="2">签名：</td><td colspan="2">签名：</td></tr>
<tr><td rowspan="3">转正考核结果</td><td colspan="5">□正式录用
转正时间________年____月____日
转正薪资：____________级________元/月，月考核工资________元
职　位：____________________</td></tr>
<tr><td colspan="5">□延长试用
延长试用时间至________年____月____日止</td></tr>
<tr><td colspan="5">□解　聘
离职时间：________年____月____日</td></tr>
<tr><td>备注</td><td colspan="5">本表依人事管理审批权限逐级核准
基层人员：各部门经理→人力资源部经理
中层人员：各部门经理→人力资源部经理→常务副总经理
高层人员：常务副总经理→总经理</td></tr>
</table>

2.18 试用员工转正申请表

<table>
<tr><td>姓名</td><td></td><td>任职岗位</td><td></td><td>到岗日期</td><td></td></tr>
<tr><td rowspan="7">申请人自述</td><td colspan="5">说明：请根据以下标题内容填写</td></tr>
<tr><td>服从领导调配情况</td><td colspan="4"></td></tr>
<tr><td>完成交办任务情况</td><td colspan="4"></td></tr>
<tr><td>工作态度表现情况</td><td colspan="4"></td></tr>
<tr><td>工作能力与技巧</td><td colspan="4"></td></tr>
<tr><td>自身优点与缺点</td><td colspan="4"></td></tr>
<tr><td>总评</td><td colspan="4">签字：</td></tr>
<tr><td>部门负责人评价</td><td colspan="5">个人品行：□好 □可以接受 □一般 □差
协调能力：□好 □可以接受 □一般 □差
工作能力：□好 □可以接受 □一般 □差
工作效率：□好 □可以接受 □一般 □差
工作态度：□认真 □可以 □一般 □差
工作品质：□好 □可以接受 □一般 □差
合作精神：□受欢迎 □能接受 □一般 □差
工作责任心：□强 □可以接受 □一般 □差
是否适合目前岗位：□胜任 □合格 □一般
是否调换岗位：□是 □否
相关业务熟练程度：□熟练 □合格 □再试用
是否聘用：□正式聘用 □延长试用期 □不聘用
该员工发展方向：□管理类 □专业类 □营销类 □其他
是否能提任更高职务：□可以 □有能力但目前不适宜 □暂不考虑
主管意见：
评价人签字：</td></tr>
<tr><td>人力资源部评价</td><td colspan="5">评价人签字：</td></tr>
<tr><td>总经理批示</td><td colspan="5">签字： 日期：</td></tr>
</table>

第 3 章

员工培训与教育管理

3.1 员工培训管理制度

第 1 条 培训对象

公司员工培训，其一是对新招聘的员工进行岗前培训，其二是对老员工进行在职培训。岗前培训的内容主要是学习公司规章制度、基本的岗位知识、实际操作技能、基本的专业知识，以便较快地适应工作。员工在职培训的主要内容是干什么学什么，从实际出发，更新专业知识，学习新的业务和技术。

第 2 条 培训要求

员工培训要按计划、分批分阶段，按不同的工种和岗位需要进行培训，要结合实际，注重实用性，逐步提高员工队伍素质。

第 3 条 培训内容

（1）员工培训主要应根据其所从事的实际工作需要，以岗位培训和专业培训为主。

（2）管理人员应学习和掌握现代管理理论和技术，充分了解政府的有关方针、政策和法规，提高市场预测能力、决策能力、控制能力。

（3）专业技术人员如财会人员、工程师、工程技术人员等，应接受各自的专业技术培训，了解政府有关政策，掌握本专业的基础理论和业务操作方法，提高专业技能。

（4）基层管理人员应通过培训充实自己的知识，提高各自的实际工作能力。

（5）基层工作人员须学习公司及本部门各项规章制度，掌握各自岗位责任制和要求，熟悉顾客心理，学会业务知识和操作技能。

（6）公司的其他人员也应根据本职工作的实际需要参加相应的培训。

第 4 条 培训方法

（1）专业教师讲课，系统地讲授专业基础理论知识、业务知识，提高员工的专业理论水平和专业素质。

（2）本公司业务骨干介绍经验。

（3）组织员工到优秀企业参观学习，实地观摩。

第 5 条　培训形式

（1）长期脱产培训，培养有发展前途的业务骨干，使之成为合格的管理人员。

（2）短期脱产培训，主要适用于上岗培训，或某些专业性强的技术培训。

3.2 员工培训流程图

确定培训项目
建立培训标准
制定培训计划
设计培训课程
选定培训方法
准备培训条件
指定培训人员
实施培训计划
分析评估培训效果
评价培训工作的有效性
评价培训工作的效益性

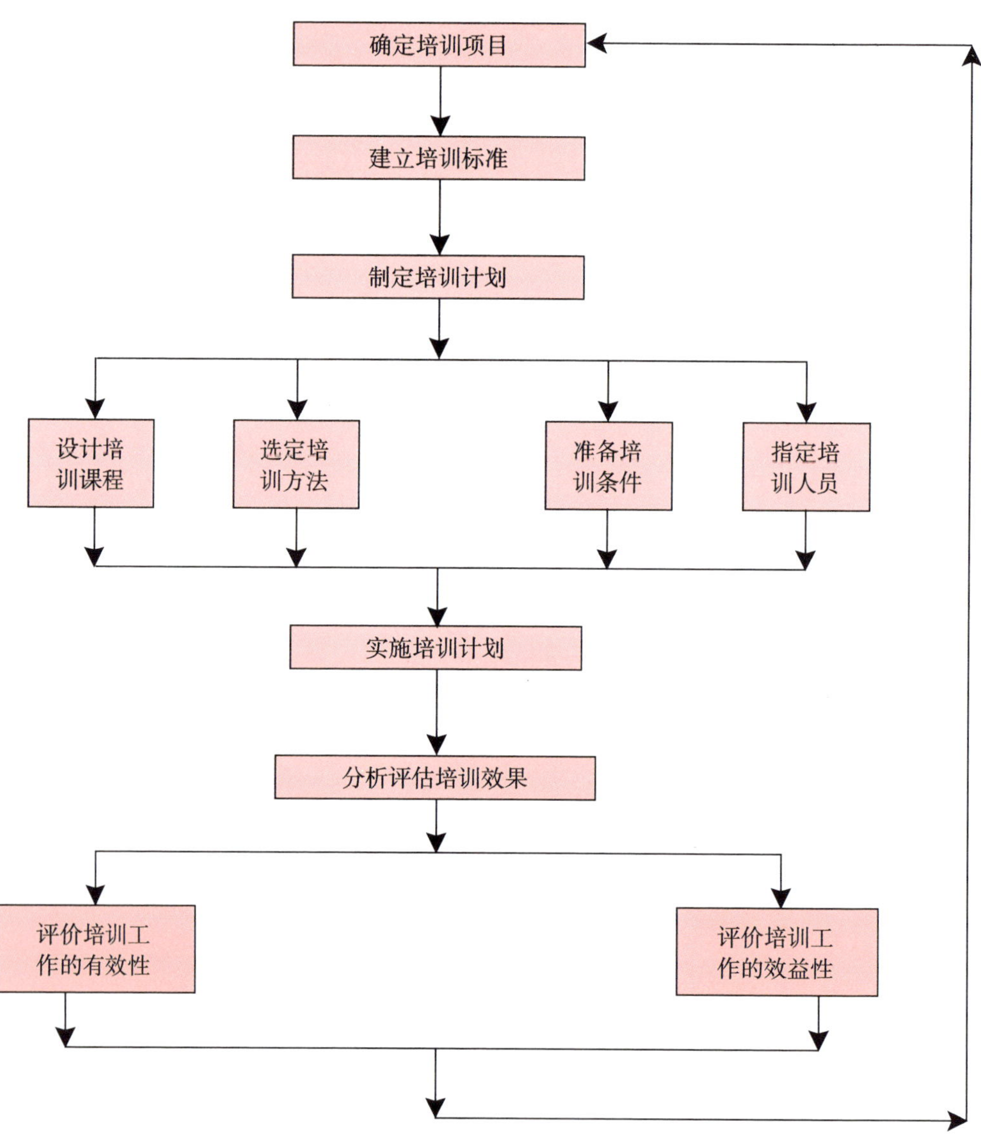

3.3 新员工教育培训规定

第 1 条 目的

为培养新员工的劳动意识，传授基本的业务知识，提高其劳动技能，特制定本规定。

第 2 条 原则

培训教育要消除新员工对新环境的恐惧和不安，培养他们对企业的信赖感，使之成为企业的优秀员工。

第 3 条 分类

培训教育包括正式工作前的以修养、知识为主的就职培训；基层管理者在生产实践中进行的不脱产的业务教育指导。

第 4 条 培训资料

根据培训教育计划，在不同的培训阶段，向学员分发指导手册、视听教材、参考资料和专业教材。

第 5 条 时间安排

就职教育由人事部出面组织，从新员工报到后开始进行，时间为 3 天。

第一天主要介绍企业的沿革、组织机构、业务范围及未来发展。

第二天主要介绍就业规则、工资报酬、考勤制度、职业道德、安全卫生规则等。

第三天进行企业业务知识介绍及实地参观。

第 6 条 临时录用人员培训

临时录用人员的培训，根据实际需要不定期进行。

第 7 条 业务培训实施

业务培训由各主管部门组织，首先提出培训计划，其中包括：培训者名单、培训内容、培训时间、教师与教材、经费预算等，然后正式组织实施。

第 8 条 培训过程管理

在培训过程中，主管部门领导要给予指导、督促和检查，注意协调各种关系，尽量提供各种条件。

第9条 培训实施后管理

培训教育结束后，要由指导者和被指导者分别提出培训报告，并由人事部加以评价分析。

3.4 新进员工指导方法

1. 如何使新进人员有宾至如归的感受

当新进人员开始从事新工作时，成功与失败往往取决于其受雇的最初数小时或数天。在这初始的期间内，最易于形成好或坏的印象。

新工作、新上司与新进雇员一样地受到考验，由于该工作需要他，不然他就不会被雇用，所以主管人员成功地给予新进雇用人员一个好的印象，与新进人员要给予主管人员好印象同样重要。

2. 新进人员面临的问题

（1）陌生的脸孔环绕着他；

（2）对新工作是否有能力做好而感到不安；

（3）对于新工作的意外事件感到胆怯；

（4）不熟悉的噪音使他分心；

（5）对新工作有力不从心的感觉；

（6）不熟悉公司规章制度；

（7）对新工作环境陌生；

（8）不知道上司属哪一类型；

（9）害怕新工作将来的困难很大。

3. 对新员工友善地欢迎

（1）主管人员去招待新进雇用人员时，要有诚挚友善的态度；

（2）使他感到你很高兴他加入你的单位工作，告诉他你的确是欢迎他的，与他握手，对他的姓名表示有兴趣并记在脑海中，要微笑着去欢迎他；

（3）给新进人员以友善的欢迎是很简单的道理，但却常常被主管人员所疏忽。

4. 介绍同事及环境

（1）新进人员对环境感到陌生，但当把他介绍与同事们认识时，这种陌生感很快就会消失；

（2）友善地将公司环境介绍给新同事，使他消除对环境的陌生感，可协助其更快地进入状态。

5. 使新进人员对工作满意

（1）最好能在刚开始时就使新进人员对工作表示称心；

（2）这并不是说，故意使新进人员对新工作过分乐观，但无论如何要使他对新工作有良好的印象；

（3）回忆一些当你自己是新进人员时的经验，回忆你自己最初的印象，回忆那时你的感觉如何，然后推己及人，以你的感觉为经验，在新进人员加入你单位工作时去鼓励和帮助他们。

6. 与新进人员做朋友

以诚挚及协助的方式对待新员工，可使其克服许多工作之初的不适应与困难，如此可降低因不适应环境而造成的离职率。

7. 详细说明公司规定

新进人员常常因对公司的规定不明了，而造成一些不必要的烦恼及错误，所以新进人员报到之初，第一件必须做的事，就是让他明白与他有关的公司各种规定，然后，他将知道公司对他的期望是什么以及他可以为公司贡献些什么。

8. 以下规定需仔细说明

（1）发薪方法；

（2）升迁规定；

（3）安全法规；

（4）休假规章；

（5）员工福利措施；

（6）工作时间及轮值规则；

（7）旷工处分办法；

（8）冤屈申诉的程序；

（9）劳资协议；

（10）解雇的规定；

（11）在职雇员行为准则。

上述规定务必于开始时，即利用机会向新员工加以解释。

9. 如何解释公司规定

（1）对新进人员解释有关公司规定时，必须使他们认为对他们是公平的。假如主管人员对新进人员解释规定，使他们认为规定的存在处处在威胁着他们时，那他对他的新工作必不会有好的印象。

（2）所有公司的规定都有其制定的理由，主管人员应将这些理由清楚地告诉他们。

（3）假如把公司规定制定的理由一开始就详细地告诉了新进人员，他将非常高兴而且承认它们的公正与重要性。

（4）新进人员有权利知道公司的每一项规定制定的理由，因为当一个新进人员在参加一项新工作时，是着手与公司建立合作的关系，因此越是明白那些理由，则彼此间的合作越密切。

（5）去向新进人员坦诚与周到地说明公司规定及制定的理由，是主管人员的责任，这是建立劳资彼此谅解的第一个步骤。

10. 给予安全训练

（1）配合新进人员的工作性质与工作环境，提供安全指导原则，可避免意外伤害的发生，安全训练的内容是：

①工作中可能发生的意外事件；

②各种事件的处理原则与步骤；

③仔细介绍安全常识；

④检查人员对安全的了解程度。

（2）有效的安全训练可达到以下目标：

①新进人员感到他的福利方面已有保证；

②建立善意与合作的基础；

③可防止在工作上的浪费，以免造成意外事件；

④人员可免于时间损失，而加强其工作能力；

⑤可减少人员损害补偿费及医药服务费的支出；

⑥对建立公司信誉极有帮助。

11. 解释给薪计划

新进人员极欲知道下列问题：

（1）何时发放薪金；

（2）上下班时间；

（3）何时加班，加班工作能赚多少钱；

（4）发放薪金时，希望知道在保险、公共安全等不同的项目上已扣除多少钱；

（5）额外的红利如何；

（6）薪水调整情况如何；

（7）薪金在何处领取；

（8）如何才能增加工资所得；

（9）人事部门负责处理的事务为何；

（10）休假、请假的规定。

因此把公司给薪制度详细地告诉新进人员，可提高员工士气，增强进取心，同时亦可避免不必要的误会。

12. 升迁计划说明

几乎不可能有人会满足最初工作或原来职务而不思上进的。所以工作上晋升的机会对新进人员而言是十分重要的，也务必于人员初进公司时即加以说明。但切记不做任何肯定的承诺，以免将来所雇用人员不适任时，有可能导致承诺不能兑现的困扰。以下是适当的说明内容：

（1）对新进人员解释，单位内同事们已有些什么成就，同时他们遵循些什么方法在做；

（2）很坦白地告诉他，晋升是根据工作表现而定的；

（3）使他了解，若要有能力处理较难的工作，必须先有充分的准备功夫；

（4）提供一些建议，若要获得升迁的机会，必须做哪些准备；

（5）很清楚地说明，晋升并不能由偏袒或徇私而获得；

（6）升迁之门对好员工是永远开着的。

3.5 新员工培训计划表

拟定日期

<table>
<tr><td rowspan="3">受训人员</td><td>姓名</td><td colspan="2"></td><td>培训期间</td><td colspan="2">月　日至　月　日止</td><td rowspan="3">辅导员</td><td>姓名</td><td></td></tr>
<tr><td>学历</td><td colspan="6"></td><td>部门</td><td></td></tr>
<tr><td>专长</td><td colspan="6"></td><td>职称</td><td></td></tr>
<tr><td>项次</td><td>培训时间</td><td>培训日数</td><td>培训项目</td><td>培训部门</td><td>培训员</td><td colspan="4">培训日程及内容</td></tr>
<tr><td>1</td><td>月　日至
月　日止</td><td>天</td><td></td><td></td><td>职称：
姓名：</td><td colspan="4"></td></tr>
<tr><td>2</td><td>月　日至
月　日止</td><td>天</td><td></td><td></td><td>职称：
姓名：</td><td colspan="4"></td></tr>
<tr><td>3</td><td>月　日至
月　日止</td><td>天</td><td></td><td></td><td>职称：
姓名：</td><td colspan="4"></td></tr>
<tr><td>4</td><td>月　日至
月　日止</td><td>天</td><td></td><td></td><td>职称：
姓名：</td><td colspan="4"></td></tr>
<tr><td>5</td><td>月　日至
月　日止</td><td>天</td><td></td><td></td><td>职称：
姓名：</td><td colspan="4"></td></tr>
<tr><td>6</td><td>月　日至
月　日止</td><td>天</td><td></td><td></td><td>职称：
姓名：</td><td colspan="4"></td></tr>
</table>

经理　　　　　　审核　　　　　　拟定

3.6 新员工培训表

第 1 步骤　　公司的概况 　　　　月　日　　地点：　　　　　　　讲师：	
1. 企业的目标是什么？ 2. 本公司的经营理念与历史。 3. 公司的组织。 4. 各部门的工作。 5. 公司产品的基本知识。 6. 何谓利益。 7. 底薪、津贴的说明。	
第 2 步骤　　商业基础礼仪 　　　　月　日　　地点：　　　　　　　讲师：	
1. 修饰外表的重点。 2. 上班、下班时的规则。 3. 问候、措词的基本礼节。 4. 了解工作的流程。 5. 致力于工作的态度。 6. 访问的应对方式。 7. 拜访的规则。 8. 电话的打法、应对法。 9. 与上司或同事的交往方式。	
第 3 步骤　　工作注意事项 　　　　月　日　　地点：　　　　　　　讲师：	
1. 指示、命令的接受方式。 2. 工作的步骤、准备。 3. 报告、联络、协商的重要性。 4. 工具、机器的使用方法。 5. 协作、团队精神的重要性。 6. 例行会议、洽商。 7. 整理、整顿、决算的重要性。	

本表用于企业老员工给新进员工介绍公司概况、商业基础礼仪及有关工作的注意事项，以便新员工能很快进入角色。

3.7 新员工培训成果检测表 A

○工作的流程	第 1 次评价	第 2 次评价
□1. 了解工作的流程；		
□2. 了解公司上下关系的重要；		
□3. 了解公司横向的联系、合作关系；		
□4. 了解与同事间和睦的重要性；		
□5. 做一件工作必定有始有终。		
○指示、命令的重要性		
□1. 了解上司的指示、命令的重要性；		
□2. 将上司的指示、命令记录备忘；		
□3. 指示、命令若有不明了之处，必定确认到懂为止；		
□4. 复诵指示、命令，加以确认；		
□5. 遵守指示、命令。		
○工作的步骤、准备		
□1. 了解工作步骤的重要；		
□2. 了解工作准备得当，进展就顺利；		
□3. 了解工作步骤的组织方式；		
□4. 了解工作的准备方式；		
□5. 按照步骤、准备程序完成工作。		
○报告、联络、协商		
□1. 了解报告、联络、协商是工作的重点；		
□2. 报告时，先讲结论；		
□3. 联络应适时、简要；		
□4. 了解协商可以使工作顺利完成；		
□5. 即使被挨骂的事也向上司报告、联络、协商。		
○工作的基本常识		
□1. 学会工作上使用的机器、工具的操作方法；		
□2. 了解公司的工作大部分要靠团队合作来完成；		
□3. 了解会议或洽商的重要性；		
□4. 了解会议或洽商时应有的态度；		
□5. 了解工作上完成期限或交货期的重要性。		

本表从工作的流程等五大方面检测新成员是否具备了一定的工作素养。

3.8 新员工培训成果检测表 B

○公司的经营理念	第 1 次评价	第 2 次评价
□1. 了解公司的经营理念；		
□2. 随口能背出经营理念；		
□3. 会逐渐喜欢经营理念；		
□4. 以经营理念为荣；		
□5. 以经营理念为主题，写出感想。		
○企业的存在意义		
□1. 了解企业的社会存在意义；		
□2. 了解本公司的社会使命；		
□3. 了解何谓利益；		
□4. 了解创造利益的重要性；		
□5. 了解什么是工资与福利。		
○公司的组织、特征		
□1. 以简单的图解表示出公司的组织；		
□2. 了解各部门的主要业务；		
□3. 了解公司的产品；		
□4. 能说出公司产品的特征；		
□5. 能说出公司的资本额、市场比例等数字。		
○热爱公司的精神		
□1. 了解公司的历史概况；		
□2. 了解公司创业者的信念；		
□3. 了解公司的传统；		
□4. 喜欢公司的代表颜色或标志；		
□5. 由内心产生热爱公司的热忱。		
○业界的理解		
□1. 能说出公司所属的业界；		
□2. 了解业界的现状；		
□3. 了解公司在业界的地位；		
□4. 能说出如何提高公司在业界的地位；		
□5. 强烈地关心业界的整体动向。		

本表从公司的经营理念等方面检测新进员工对本公司了解的情况。

3.9 新员工培训成果检测表 C

○修饰外表的重点	第 1 次评价	第 2 次评价
□1. 服装整体而言有干净整洁、稳重的感觉；		
□2. （女性）不浓妆艳抹，（男性）不擦太浓香水；		
□3. 服饰配件或手表等搭配不会过于华丽；		
□4. 头发不会脏乱，不随便染发；		
□5. 鞋子不会脏。		
○上班、下班的规定		
□1. 比上班时间更早到公司；		
□2. 早晨的问候很清脆、有精神；		
□3. 不会在下班时间之前就收拾准备回家；		
□4. 整理收拾桌上或周围东西后才下班。		
○问候、措词		
□1. 与上司或同事打招呼应清脆、愉快；		
□2. 措词不会像学生时代那样草率；		
□3. 确实地回答是或不是；		
□4. 了解敬语的用法；		
□5. 上班中不闲聊。		
○致力于工作的态度		
□1. 充满干劲；		
□2. 表现出对新工作的关心与兴趣；		
□3. 持尽早学会工作开展方法的态度；		
□4. 不会毫无理由随便离开座位；		
□5. 有时间观念。		
○电话、会客的方式		
□1. 接电话时，不会胆怯；		
□2. 接电话时，一定准备纸、笔；		
□3. 了解会议或洽商的重要性；		
□4. 了解会议或洽商时应有的态度；		
□5. 了解工作上完成期限或交货期的重要性。		

请与新进职员年龄相近的前辈来指导，比较容易有好的结果。

本表从修饰外表的重点等方面检测新进成员的礼仪及待人接物情况。

3.10 员工培训需求调查表

部门：______________填表日期：________年____月____日

培训类别	培训内容	是否同意	参加人员			培训方式				
			自愿参加	指定人员	部门全体员工	课堂授课	在实践中演示	标杆	座谈提问	其他
公共教育	1. 公司发展史、组织结构、主要业务									
	2. 公司规章制度及福利待遇									
	3. 其他	请说明：								
业务知识	各部门员工根据各自的岗位特点提出需求	是否同意	参加人员			培训方式				
			自愿参加	指定人员	部门全体员工	课堂授课	在实践中演示	标杆	座谈提问	其他
	1. 计算机/IT 行业									
	2. 互联网方面									
	3. 交际、谈判									
	4. 广告创意									
	5. 写作									
	6. 网页制作									
	7. 通信									
	8. 市场调查									
	9. 其他	请说明：								
其他知识	请说明：									

Chapter 3

3.11 员工培训计划表

单位：________________　　　　　　　　　　　编号________________

培训类别				
工号	姓名	工作类别	培训项目	备考

批准______________　审核______________　拟订______________

3.12 员工培训记录表

部门： 年度：

姓名	1			2			3			费用合计
	培训名称	时间	费用	培训名称	时间	费用	培训名称	时间	费用	

本表用于记录员工姓名、培训名称、时间及费用，方便主管部门查阅培训的费用情况。

3.13 培训效果调查表

1. 说明：近三个月来，本部门已举办过如下在职训练：

(1) ____________________ (5) ____________________

(2) ____________________ (6) ____________________

(3) ____________________ (7) ____________________

(4) ____________________ (8) ____________________

2. 请各单位主管就所属学员参加训练以后表现出来的一些改变，于调查表所示各项目之适当栏打“√”，并请于　　月　　日前交人员培训部。

绩效基准	很好	略好	无改变	略坏	很坏	不知道
工作量的提高						
工作的质量						
工作安全意识						
环境维护						
员工的态度及士气						
员工出勤情况						

填表部门：____________________

填表人：____________________

本表用于记录近3个月来人员培训部所举办过的培训，并由单位主管对下属学员培训前后的变化做出评价。

3.14 在职人员职位培训记录表

部门： 姓名： 工号：

项次	培训时职位	培训课程名称	课程编号	培训日期	时数	累积时数	成绩评核记录	其他
1								
2								
3								
4								
5								
6								
7								
8								
9								
10								
11								
12								
13								
14								
15								
16								
17								
18								
19								
20								

一式一联

注：自存

本表由职工自己记录所受训练的课程、时数及成绩，以便于进行自我检查。

3.15 在职人员培训测验成绩登记表

部门：　　　　　　　　训练课程：　　　　　　　　测验日期：

编号	姓　　名	分数	签　　到	编号	姓　　名	分数	签　　到
1				26			
2				27			
3				28			
4				29			
5				30			
6				31			
7				32			
8				33			
9				34			
10				35			
11				36			
12				37			
13				38			
14				39			
15				40			
16				41			
17				42			
18				43			
19				44			
20				45			
21				46			
22				47			
23				48			
24				49			
25				50			
会计部		人事部		教育训练部		单　　位	

一式二联

注：请本人签到

本表用于登记在职员工培训测试的成绩。通过此表，一方面能使培训者了解每个被培训者努力的情况以及培训的绩效；另一方面也能激励被培训者更加努力地提高自己的素质。

3.16 在职人员培训结果报告表

部门： 年 月 日

<table>
<tr><td colspan="2">课程名称</td><td colspan="2"></td><td>课程编号</td><td></td></tr>
<tr><td colspan="2">项目</td><td>举办日期</td><td colspan="2">训练时数</td><td>参加人数</td></tr>
<tr><td colspan="2">计划</td><td></td><td colspan="2"></td><td></td></tr>
<tr><td colspan="2">实际</td><td></td><td colspan="2"></td><td></td></tr>
<tr><td rowspan="5">训练费用</td><td>项目</td><td>预算金额</td><td>实际金额</td><td colspan="2">异常说明</td></tr>
<tr><td>讲师费</td><td></td><td></td><td colspan="2"></td></tr>
<tr><td>教材费</td><td></td><td></td><td colspan="2"></td></tr>
<tr><td>其他</td><td></td><td></td><td colspan="2"></td></tr>
<tr><td>合计</td><td></td><td></td><td colspan="2"></td></tr>
<tr><td rowspan="3">训练检查及呈核</td><td>学员意见</td><td colspan="4"></td></tr>
<tr><td>讲师意见</td><td colspan="4"></td></tr>
<tr><td>会计部</td><td colspan="2"></td><td>教育训练部</td><td></td></tr>
</table>

一式二份：1. 会计部 2. 教育训练部

经办：

本表用于核算培训费用及培训结果的检查，以便于人事主管部门了解员工培训情况。

3.17　个人外部培训申请表

姓名		工号		部门		职位	
受训机构				受训课程			
备注							

我个人希望参加上述机构所举办的培训，培训课程细目如下，所需经费希望由公司负担，此项培训必能增加我未来的工作效率，其中课程培训时间，如有任何改变，我必得依照公司规则通知有关部门。受训时间个人如触犯任何公司培训规则，愿意由公司扣除本人薪水以抵缴公司代付的学费。

课程内容	名称	日期起	日期迄	学费

审核	姓名	日期	姓名	日期

本表由职员本人向人事部门申请，以参加由非本公司机构所举办的人事培训。

第 4 章

员工考勤出差管理

4.1 员工出勤管理规定

第1条 本公司为使全体员工养成守时习惯、准时出勤，特制定本办法。

第2条 本公司员工除下列员工外，均应按规定于上下班时间打卡：

（1）经总经理核准免予打卡者；

（2）因公出差填妥“出差申请单”经主管核准者；

（3）因故请假，经核准者；

（4）临时事故，事后说明事由，经主管核准者。

第3条 本公司员工上下班时间规定如下：

上午：自8时至12时整（主任以上主管上午上班时间为7点50分）；

下午：自14时至17时整。

上述上、下班时间各单位主管可视实际需要及各地区特殊情形呈总经理调整，但每日实际上班时数不得少于7小时（主任以上主管上午上班时间一律提前10分钟）。住宿在公司的值勤员工及负责环境清洁工作的员工，其上班时间另定。

第4条 员工于上班时间后打卡出勤者即为迟到。员工于下班时间前，非因公司业务上的需要，擅自下班者，即为早退。

第5条 上班迟到在5分钟内打卡者，为第一类迟到；上班迟到超过5分钟以后打卡者，为第二类迟到。凡一个月内，第一类迟到三次者，视为第二类迟到一次；凡一个月内第二类迟到三次者，视为旷职半天。

第6条 中午下班、上班不得一次打卡，二次打卡的时距应在30分钟以上，否则视为第二类迟到。

第7条 员工上班而未打卡者，除有正当理由经直属主管于卡片上核准签注外，视为第二类迟到。

第8条 员工第一类迟到者，于每月底由人事单位统计，并送呈有关单位主管，作为平时考核参考资料之一。

第 9 条 员工第二类迟到者，于每月底由人事单位统计，除呈报有关单位主管外，每次扣其该月份薪金总额 1%，充为福利金。

第 10 条 员工下班而未打卡者，除有正当理由经直属主管于卡片上核准签注外，视为早退，上项签注必须于下次上班日上午 9 时前亲自呈主管签注为限。

第 11 条 员工早退者，每次扣其该月份薪金总额 1%，充为福利金。

第 12 条 本公司员工上下班均应亲自打卡，如有下列情形之一者，均视为旷职一天，并按其情节酌以惩处：

（1）委托他人代打出勤卡者；

（2）有涂改情况者；

（3）故意毁损出勤卡者；

（4）伪造出勤卡者。

如有第一项情形发生，代打者亦视为旷职一天并同受惩处。

第 13 条 员工迟到、早退时间超过 1 小时者，应依请假手续办理。

第 14 条 总公司、分公司比照本办法实施。

第 15 条 本办法如有未尽事宜，需呈报总经理核定修订。

4.2　员工缺勤处理细则

第1条　目的

员工的准时出勤是公司正常运转的必要前提。只有完成生产要求才能满足客户的要求。每一位员工都是这个团体的一分子，要达到目标，就必须保证出勤。缺勤或迟到状况都会被记录在案。

第2条　准时标准

公司希望员工能准时到达工作地点。迟到是指员工超过指定时间____分钟以上到达工作地点（具体数字企业视情况而定）。若预先知道可能迟到者，应通知相关员工。由于迟到会妨碍其他员工的工作，准时到岗其实也是方便大家。迟到和早退都不被允许。

第3条　计算方法

具体规则如下：

（1）缺勤半天以上，记缺勤一次。

（2）缺勤一天或多个连续工作日，记缺勤两次。如连续两天迟到，记缺勤一次。

（3）先因生病缺勤一次，再工作一天以上后，因同种疾病再次缺勤，只记缺勤一次。连续缺勤将予以口头警告、书面警告、停职，甚至解雇。

第4条　程序

若不能出勤，要预先通知相关员工，应不晚于正常开工时间。这样公司能做其他安排。

（1）除紧急情况，休假应至少提前24小时通知。

（2）若员工因疾病而缺勤并提前通知相关员工，可视为病假。因身体检查及与专业人士（如律师）的事先约定而缺勤，或可提供令人信服的理由，经上级批准，可视为事假。

（3）缺勤超过三个连续工作日，并预先未通知相关员工，视为自动辞职，并将从员工名册上除名。

第 5 条 “认可”的缺勤

公司需要将认可的缺勤理由记录在案，如病假或紧急任务。该记录需经查实。

第 6 条 关于恶劣的天气

尽管天气恶劣，员工仍要坚持工作。因为随时都可能出现紧急情况，保证出勤是唯一的解决方法。公司希望员工尽可能地到岗工作。只因恶劣的天气而未出勤的，视缺勤一次。

4.3 员工出勤表 A

部门：　　　　　　　　　　　　　　　　　　　　　　　　　　　　　　月　　日

区分 单位		应到人数	新进人数	未到人数								辞职人数	实到人数	备注
				事假	病假	工伤假	公假	婚丧假	旷工	其他	合计			
	小计													
	小计													
	小计													
总计														
累计														
记录事项														

经理　　　　副经理　　　　部长　　　　制表

4.4 员工出勤表 B

月　　日

现场人员									办公室人员								
单位	编制人数	本日实到	迟到人数	病假	事假	公假	旷职	原因不明	单位	编制人数	本日实到	迟到人数	病假	事假	公假	旷职	原因不明
合计									合计								
本日到离职人数	报到人数： 离职人数： 停薪留职：								报到人数： 离职人数： 停薪留职：								

总经理：　　　　审核：　　　　填表：

4.5 员工月考勤表

年　　月　　日

日期/星期/姓名	1	2	3	4	5	6	7	8	9	10	11	12	13	14	15	16	17	18	19	20	21	22	23	24	25	26	27	28	29	30	31	出勤天	加班小时	公假天	病假天	事假天	迟到次	早退次	旷工天
星期																																							
说明	1. 符号说明：“○”出勤，“×”病假，“△”事假，“□”公假，“*”旷工，“☆”迟到，“◇”早退，“◎”加班。																																						
	2. 本月应出勤天数：　　　天																																						

4.6 员工值班制度

总则

第 1 条 为了保障公司工作的正常进行和财物安全，特制定本制度。

管理体制

第 2 条 门卫值班。公司可根据自身的发展情况，设立门卫值班制度，24 小时值班制。

第 3 条 值日。公司依据自身情况，设立公司或部门的值日制度。

第 4 条 领导值班。公司依据自身情况，设立公司领导值班制度。

管理要点和内容

第 5 条 门卫值班：

（1）目的：维护公司的正常工作秩序，以防公司财产遭受不必要的损失。

（2）实行分班轮流制，做到 24 小时有人当班。

（3）值班要注意：

- 保证通信系统畅通；
- 检查下班后公司员工进出情况，防止公司财物失窃；
- 及时排除公司火灾、漏水事故；
- 接待来宾，保存邮件。

第 6 条 值日：

（1）目的：维护公司日常工作秩序，及时联络、处理事务。

（2）一般以工作时间为责任时间。

（3）值日要点：

- 巡察办公场所保洁情况；

- 电话记录、处理、转送；
- 能及时很好地完成领导交给的任务。

第7条 领导值班：

（1）目的：以公司业务工作为主。

（2）一般以下班时间或节假日为值班时间。

（3）值班要点：

- 接待正常工作时间后的来客；
- 处置下班后的突发、紧急事件，处理未完成的工作；
- 值班员工接打值班电话，应记录来电时间、单位、授话人、主要内容；
- 值班接待来宾要记录来访时间、单位、来访人、主要内容，提出处理意见；
- 值班员工要按规定准确填写值班日志。

值班规定

第8条 规定：

（1）遵守值班纪律，按时交接班，有事须先请假，以便安排临时代替人员。无关人员不能在值班室留宿；

（2）值班时要坚守岗位，不能聚众打牌、看电视、打瞌睡、聊天，不给坏人有任何可乘之机；

（3）在规定的时间内加强巡视，做好防盗、防火、防灾工作，尤其加强对重点部位的监管；

（4）接待来宾外松内紧、热情招呼，要有高度警惕性，善于鉴别来人意图，善于察言观色，不能随便乱说；

（5）值班员工应密切关注领导活动的行踪，如遇到紧急情况能立即取得联系。须将公安、消防、医院、供水、供气、供电、通信等部门及火车站、码头、飞机场的地址、电话、路线等信息置于明显处，以备应急需要；

（6）遇到紧急事件，首先要冷静，敢于负责，一方面大胆采取应急措施，以免贻误时机；另一方面及时汇报主管领导或到公安部门报警。

附则

第 9 条 值日、领导值班为义务值班。门卫值班为正常工作，必要时可予以轮休。

第 10 条 本制度由行政部与保安部解释、补充、执行，报经总经理批准颁行。

4.7　休假程序

第1条　目的

为确保公司进行有秩序的休假管理而制定。

第2条　适用范围

适用于公司所有员工。

第3条　责任人

各部门主管、经理。

第4条　程序内容

（1）病假：

①员工休病假，超过1天要出具医院开具的假条；

②员工休病假的时限，应以假条上的时间为准，遇节假日不顺延；

③从员工转正开始，员工每年可享受5天带薪病假；

④员工带薪病假休满之后，如果因病仍不能上班，则应申请进入医疗期；公司将根据病情决定是否批准其进入医疗期；员工只有在患有难以治愈的病或非常严重的慢性病时方可进入医疗期；进入医疗期的，其待遇按公司医疗期制度执行；

⑤不批准进入医疗期的，员工又确实不能上班，按无薪病假待遇，员工连续休假，经公司批准的无薪病假超过15天以后，公司按照国家有关规定，每月发给全市最低工资60%的基本生活费，按其基本生活费的标准缴纳养老保险，并按规定报销医药费，其他待遇不再享受。待合同期满，不再续订劳动合同；

⑥员工无论休何种病假，必须按时递交有效的医生诊断证明，请部门经理批准。否则按旷工处理。

（2）年假：

①公司规定员工的年假为：12天/年；

②上班满 6 个月可开始休假（满 1 个月则享有 1 天年假）；

③年假遇节假日顺延；

④员工休年假必须考虑有关客户的要求及所在部门的工作安排，休年假必须提前两周申请，并经主管同意；

⑤公司希望员工利用年假的机会使身心得到调整。人力资源部将在每个自然年度开始时，通知每位员工应享受的年假。该年假的有效期为一年，不再累计；

⑥员工如愿意放弃年休假，年假期间的工资按日工的基本工资的 3 倍计算。

（3）工伤假：

①员工在工作期间发生工伤事故，直接主管应立即到现场调查受伤情况，并立即做出处理，并进行报告至 CEO 和人力资源部；

②公司根据医生的诊断确定是否需要给予工伤假；

③员工休工伤假享受全薪；

④员工休工伤假期间，应按照公司的要求定期到指定医院进行检查。

（4）婚假：

①女员工年满 23 岁前结婚，有薪婚假 3 天（24 小时）；

②女员工年满 23 岁后结婚，有薪婚假 10 天（56 小时）；

③男员工年满 25 岁前结婚，有薪婚假 3 天（24 小时）；

④男员工年满 25 岁后结婚，有薪婚假 10 天（56 小时）；

⑤男、女员工婚前体检可享受半天全薪假。

（5）产假：

①产假所涉及的假期，均应包含节假日，即遇节假日不顺延；

②员工妊娠期间每月可享受半天全薪假以供月检；

③员工生育可享受 90 天全薪产假；

④年龄 24 周岁以上生育第一胎者，可延长 1 个月带薪产假；

⑤如遇难产，可凭医院证明增加有薪产假 15 天；

⑥多胞胎生育的，每多生一个婴儿，增加产假 15 天；

⑦男员工可以在妻子生育后享有一天陪产假；

⑧女员工生育后的第一次流产，公司将依据医生的诊断证明给予 15 天带薪假，以后的流产全部按无薪病假计算。

（6）丧假：

①父母、养父母、继父母、配偶父母、配偶或子女死亡：8 天（64 小时）假期。

②祖父母、兄弟姊妹死亡：4 天（32 小时）假期。

（7）倒休假：

①员工在休息日加班后，经部门经理批准，可以享受因休息日加班产生的倒休假；

②员工休倒休假时，须考虑部门工作的安排，并应提前两周申请，经主管同意；

③员工休倒休假时，应在请假单后附有部门经理批准倒休的加班申请单（参见加班制度）；

④倒休假只限当年有效。

（8）公共假日：

员工享受下列法定公共假日：

①清明节、五一节、端午节、中秋节：1 天；

②元旦：1 天；

③春节：3 天；

④国庆节：3 天；

⑤女员工可在妇女节享有半天公休（遇休息日不顺延）。

如国家政策有调整，则遵循国家政策。

（9）事假：

①事假系无薪假，公司根据工作安排决定是否批准员工休无薪假；

②事假最长不超过两周。

（10）请假批准权限：

请假日期	1～5 天	5～12 天	12 天以上
批准人	直属上级	部门经理	总经理

直接主管在一个月内对同一员工批准假期时限为 5 天，5 天以上由部门经理批准。

（11）请假程序：

员工填写请假单，报主管、经理批准后，送至人力资源部。

4.8 员工请假单

<table>
<tr><td>姓名</td><td>员工号码</td><td>职位</td><td>职务部门</td></tr>
<tr><td></td><td></td><td></td><td></td></tr>
<tr><td>请假类别</td><td colspan="3">□倒休假　　□公假
□病假　　□其他（请说明）
□事假</td></tr>
<tr><td colspan="4">请假时间</td></tr>
<tr><td colspan="4">自　　年　月　日　时　　　　至　　年　月　日　时
总共请假　　天　　小时</td></tr>
<tr><td colspan="4">医生证明

（注意：请病假超过一天需附医师证明）

兹证明上列姓名员工将自　年　月　日至　年　月　日接受医疗，此期间该员工确实无法上班工作。</td></tr>
<tr><td colspan="4">此栏由主管部门填写</td></tr>
<tr><td colspan="4">□准

□不准（请述明理由）
主管签字　　　　　　　　　　日期</td></tr>
</table>

4.9 员工请假存根

编号	姓　　名	请假原因	请假时间	代理人职务

单位：　　　　　　　　　　　　编号：　　　　　　　　　　　　年　　月　　日

请假人		代理人						请代办事项
					签署			
								（自填病名） 病假
请假时间			家属有病	家有喜事	选居	修屋	会友	事假
自 ____月____日____时 至 ____月____日____时								
		产假	配偶丧	父母丧	祖父母丧	子女结婚	本人结婚	婚丧产假
合计	日　时							
证明				特别休假	工伤	义务劳动	教育召集	公假

说明：1. 请假人按原因在适当栏内划✓即可。

2. 请假人应寻妥代理人，并请代理人签署。

3. 请假期间及准假权责按人事管理规则规定办理。

4.10 员工出差规定范本

总则

第 1 条 为规范公司员工出差管理，本着勤俭节约、保证出差员工正常工作的原则，严控公司管理费开支，结合公司实际情况制定本规定。

第 2 条 本规定适用于公司全体员工。

出差审批程序

第 3 条 公司员工因工作需要离开公司，必须填写《出差申请表》。《出差申请表》由公司财务部劳动人事科统一编制，适用于公司全体员工。

第 4 条 《出差申请表》是员工出差作为财务报销、各部（室）考勤管理等工作的有效凭证。

第 5 条 《出差申请表》办理程序。

（1）员工因工作需要离开公司出差，应严格履行审批程序，由出差者本人填写《出差申请表》。《出差申请表》一式两联，一联为部门存根，另一联交公司财务部劳动人事科，其内容为申请人姓名、所在部门、异地工作理由、地点、交通工具、计划工作天数等。

（2）《出差申请表》由申请人上一级领导审批，审批内容：计划天数，实际工作天数。各部（室）员工出差由本部（室）负责人审核，经主管领导批准后方可离开公司；各部（室）负责人出差必须经主管领导批准后方可离开公司。

（3）各部（室）将《出差申请表》随同本部（室）考勤一并交财务部劳动人事科审核、汇总作为员工考勤考核的依据。

第 6 条 员工凡非因工作之需离开公司的，一律按员工考勤考核管理标准要求，填写《请假单》，并按照审批程序及权限履行请假手续，无《出差申请表》或《请假单》擅自离开工作岗位外出员工一律视为旷工，按考勤考核管理标准处理。

差旅费管理

第 7 条 结合社会物价实际指数及公司员工实际情况，对员工出差交通工具、住宿费、市内交通费标准做相应规定：

（1）出差交通工具：公司主管及以上员工出差可乘坐飞机。其他员工原则上乘坐汽车、火车（机票 5 折以下除外）。出差除公司领导外的其他员工必须由总经理批准，方可乘坐飞机。财务部凭据《出差申请表》批准的交通工具给予报销。

（2）住宿费标准：

①公司领导在北京市出差住宿费_____元/人/天，其他员工北京出差期间不得高于_____元/人/天的标准报销（即集团公司接待中心标准_____元/人/天）；

②公司领导在省会城市出差住宿费报销标准_____元/人/天，其他员工_____元/人/天；地市出差住宿费标准公司领导_____元/人/天；其他员工_____元/人/天；

③公司领导市内交通费实报实销；其他员工市内交通费按_____元/人/天的标准，凭票报销地铁车票、公交车票及中巴车车票，原则上不允许乘坐出租车。

第 8 条 公司员工必须严格按照所在地财政厅文件及本管理规定的差旅费标准严格执行，超标准差旅费一律自理；凡弄虚作假，开具虚假发票损害公司利益的，一经查实，除责成本人退回全部虚假金额外，给予考核当月奖金处罚并视情节通报批评或行政处分。

第 9 条 出差人到财务部报销差旅费时必须附本人《出差申请表》交财务部员工核实，财务人员按照《出差申请表》填报的出差地点、时间予以报销。

第 10 条 参加会议期间，按会务统一安排住宿并报销。

附 则

第 11 条 本规定由公司财务部劳动人事科负责解释。

第 12 条 本规定自______年____月____日起执行。

4.11 员工出差申请表

部门：　　　　　　　　　　　　　　　　　　　　　　　　　　年　　月　　日

<table>
<tr><td rowspan="3">出差人</td><td>职别</td><td></td><td rowspan="3">代理人</td><td>职别</td><td></td><td rowspan="3">代理人签认</td><td rowspan="3"></td></tr>
<tr><td>卡号</td><td></td><td>卡号</td><td></td></tr>
<tr><td>姓名</td><td></td><td>姓名</td><td></td></tr>
<tr><td>出差要办事项</td><td colspan="7"></td></tr>
<tr><td colspan="2">暂支旅费</td><td colspan="2"></td><td rowspan="2">出差时间</td><td colspan="3" rowspan="2">自　年　月　日　时起
至　年　月　日　时止
共　日</td></tr>
<tr><td colspan="2">出差地点</td><td colspan="2"></td></tr>
</table>

经理：　　　　　　　　　　　　　　　　　　　　　　　申请人：

4.12 差旅费报销单

年　　月　　日

<table>
<tr><td>姓名</td><td colspan="3"></td><td>职别</td><td colspan="2"></td><td colspan="2">年　月　日　起
　　　　　　　共　天
年　月　日　止</td><td>单据　张</td></tr>
<tr><td>出差事由</td><td colspan="7"></td><td>项目</td><td>金额</td></tr>
<tr><td rowspan="2">月/日</td><td colspan="2">地点</td><td rowspan="2">车费</td><td rowspan="2">月/日</td><td colspan="2">地点</td><td rowspan="2">车费</td><td rowspan="2">住宿费</td><td rowspan="2"></td></tr>
<tr><td>起</td><td>讫</td><td>起</td><td>讫</td></tr>
<tr><td></td><td colspan="2"></td><td></td><td></td><td colspan="2"></td><td></td><td>膳食费</td><td></td></tr>
<tr><td></td><td colspan="2"></td><td></td><td></td><td colspan="2"></td><td></td><td>交通费</td><td></td></tr>
<tr><td></td><td colspan="2"></td><td></td><td></td><td colspan="2"></td><td></td><td>其他</td><td></td></tr>
<tr><td colspan="8">备注：</td><td>合计</td><td></td></tr>
</table>

经理：　　　　　　　　　　　　　　　　　　　　　　　　出差人：

4.13 员工考勤与奖惩记录表

<table>
<tr><td>姓名</td><td></td><td>部门</td><td></td><td>职称</td><td></td></tr>
<tr><td>入公司日期</td><td></td><td>年资</td><td></td><td>任现职日期</td><td></td></tr>
<tr><td colspan="6">考勤</td></tr>
<tr><td colspan="2">假别</td><td colspan="2">记录</td><td colspan="2">扣分</td></tr>
<tr><td colspan="2">旷职（-3 分/日）</td><td colspan="2"></td><td colspan="2"></td></tr>
<tr><td colspan="2">事假（-1 分/日）</td><td colspan="2"></td><td colspan="2"></td></tr>
<tr><td colspan="2">病假（-0.5 分/日）</td><td colspan="2"></td><td colspan="2"></td></tr>
<tr><td colspan="2">迟到、早退（-0.5 分/次）</td><td colspan="2"></td><td colspan="2"></td></tr>
<tr><td colspan="2">特休</td><td colspan="2"></td><td colspan="2"></td></tr>
<tr><td colspan="2">公假</td><td colspan="2"></td><td colspan="2"></td></tr>
<tr><td colspan="2">婚假</td><td colspan="2"></td><td colspan="2"></td></tr>
<tr><td colspan="2">丧假</td><td colspan="2"></td><td colspan="2"></td></tr>
<tr><td colspan="2">工伤假</td><td colspan="2"></td><td colspan="2"></td></tr>
<tr><td colspan="2">产假</td><td colspan="2"></td><td colspan="2"></td></tr>
<tr><td colspan="2">合计扣分</td><td colspan="2"></td><td colspan="2"></td></tr>
<tr><td colspan="2">本年度未休完待休天数</td><td colspan="2"></td><td colspan="2"></td></tr>
<tr><td colspan="6">奖惩</td></tr>
<tr><td colspan="2">类别</td><td colspan="2">结果</td><td colspan="2">事实</td></tr>
<tr><td colspan="2">奖</td><td colspan="2"></td><td colspan="2"></td></tr>
<tr><td colspan="2">惩</td><td colspan="2"></td><td colspan="2"></td></tr>
<tr><td colspan="6">其他记录</td></tr>
<tr><td colspan="3">日期</td><td colspan="3">事由</td></tr>
<tr><td colspan="3"></td><td colspan="3"></td></tr>
</table>

Chapter 4

第5章

员工绩效考核与评估

5.1 绩效考评审核程序

程序名称：绩效考评审核

程序代号：

主管部门：人力资源部

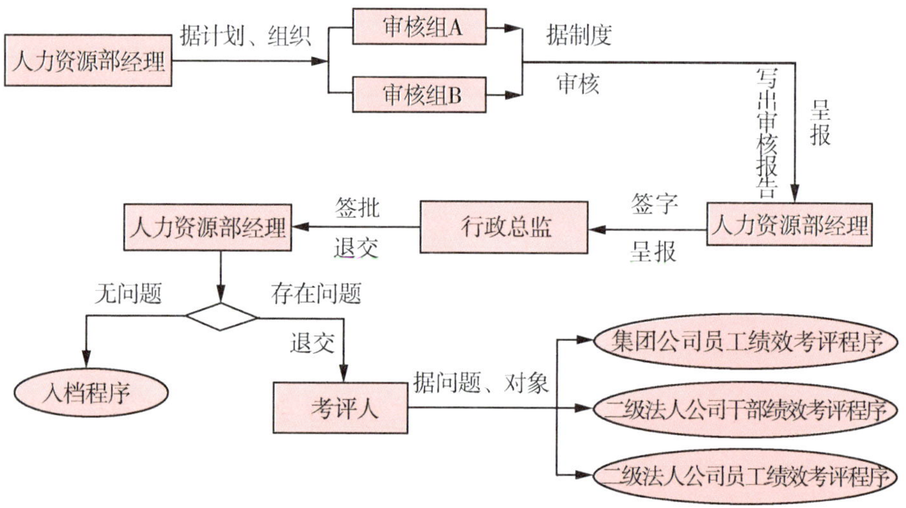

说明：

（1）人力资源部经理根据年中、年末绩效考评进度确定审核计划，并组织审核组对集团公司部门、各单位的绩效考评情况进行审核。

（2）绩效审核内容包括：审核考试者、审核考评程序、审核考评办法、审核考评文件、审核考评结果等五个方面。

（3）审核组根据审核结果写出书面报告呈报人力资源部经理，由人力资源部经理转报行政总监。

（4）行政总监签批后退回人力资源部经理，人力资源部经理根据行政总监签批的内容和审核考评报告决定进入档程序或重新进行考评。

5.2 对员工工作评估的正确度测评

测评说明：

测评能否正确评价员工的工作。请根据你的实际情况，选择最符合自己特征的描述。在选择时，请根据自己的第一印象回答，请不要做过多的思考，在符合你情况的答案前画“√”。

测评题

1. 你认为展开评估的主要目的是什么？

□A. 激励员工努力工作，更上一层楼

□B. 促使员工反思自己以往的表现

□C. 暴露员工的缺点与不足

2. 你怎么安排与下属进行述职谈话？

□A. 先批评缺点，再表扬优点

□B. 开始和结束时都谈优点，中间穿插缺点

□C. 首先肯定优点，然后再指出不足

3. 你认为对员工的评估应该以什么为基础？

□A. 严格以实际成果为准

□B. 以他的知识水平、工作能力和工作态度为主，短期效益为辅

□C. 综合考虑他的能力与实际效益

4. 你为部下写鉴定时最重要的资料依据是什么？

□A. 他的实际表现

□B. 他的出勤记录与费用水平

□C. 他的总结与鉴定

5. 你认为员工的评估工作应在何时进行？

□A. 在其表现下降时

□B. 在本人提出要求时

□C. 定期进行，或每年一次

6. 在评估工作结束之际，你：

□A. 让员工阅读鉴定并写下本人意见

□B. 不让员工阅读鉴定，但征求他的意见

□C. 既不让员工阅读鉴定，也不征求本人意见

7. 你在指出部下不足之处后：

□A. 为他指出克服缺点的方法

□B. 警告他这些不足之处对他今后加薪与升职的影响

□C. 与他共同探讨今后的努力方向

8. 如果员工在谈话时情绪激动，你：

□A. 耐心听他发表意见，暂不打断

□B. 谴责他不能控制自己的情绪

□C. 尽快结束谈话，让他恢复平静

9. 如果某位员工的表现开始明显下降，与以往相比差距甚大，你：

□A. 悄悄记下他的过失，以便下次总结鉴定时提出来

□B. 与他开诚布公地交换意见，找出其退步的原因，共同制定改进方案

□C. 熟视无睹，期望他会自觉醒悟

10. 你在什么场合宣布有关提薪问题的事宜？

□A. 在述职谈话时

□B. 在关于工资的特别谈话中

□C. 写信通知

测评标准

1. A 得 10 分、B 得 5 分、C 得 0 分

2. A 得 5 分、B 得 0 分、C 得 10 分

3. A 得 5 分、B 得 0 分、C 得 10 分

4. A 得 10 分、B 得 0 分、C 得 5 分

5. A 得 0 分、B 得 5 分、C 得 10 分

6. A 得 10 分、B 得 5 分、C 得 5 分

7. A 得 5 分、B 得 0 分、C 得 10 分

8. A 得 10 分、B 得 0 分、C 得 5 分

9. A 得 5 分、B 得 10 分、C 得 0 分

10. A 得 0 分、B 得 10 分、C 得 5 分

结果分析

80～100 分

深知总结鉴定的策略与方法，能够正确地衡量部下的成绩与不足，让人心悦诚服。

50～75 分

真诚求实，只要稍注意些方式方法，便能成为一流的人力资源管理人员。建议参加一个现代管理培训班，更新、补充管理技巧。

20～45 分

有许多不足，必须立即改进，以免再犯错误，最好是征求一下有经验的老同事或人事培训部门的意见，需要从基础评估技巧学起。

0～15 分

傻瓜才会喜欢在你手下做事！

5.3 普通员工绩效考核表

核定总分		等级	

员工编号			姓　　名		单位		
职　　称			到职日期	年　月　日	现职到职日期		年　月　日
工作内容							
考核项目		配分	分项鉴定分画“○”				
工作	1. 工作效率	15	工作积极迅速，效率高	工作积极，效率佳	工作效率尚可，错误少，尚正常	工作效率尚可，错误稍多，须再予督促	粗心，草率，常发生错误
		初核	15、14、13	12、11、10	9、8、7	6、5、4	3、2、1
		复核	15、14、13	12、11、10	9、8、7	6、5、4	3、2、1
	2. 责任感	15	忠诚服务，锐意进取	处事稳健，极少需要督促	有责任心，但常需督促	处事不甚起劲，较为被动	推诿责任，浪费时间
		初核	15、14、13	12、11、10	9、8、7	6、5、4	3、2、1
		复核	15、14、13	12、11、10	9、8、7	6、5、4	3、2、1
	3. 改善提案能力	15	处事善于规划，能积极提出独特见解	处事有方，能自动研究创新	能把握重点，稍加指导即可	尚能规划，无太多创新	处事草率，不能创新
		初核	15、14、13	12、11、10	9、8、7	6、5、4	3、2、1
		复核	15、14、13	12、11、10	9、8、7	6、5、4	3、2、1
	4. 协调合作能力	10	在本职工作之外能欣然与别人合作	愿意协助他人，分担一些自己能够承担的工作	一般都能协调合作	鲜有合作的行动	不能分担工作，协调性差，需多次监督
		初核	10、9	8、7	6、5	4、3	2、1
		复核	10、9	8、7	6、5	4、3	2、1
	5. 学习能力	10	知道如何学习，一次指导即能领会，无须他人协助	学习进度较快，记忆力颇佳，但需少量的监督	需要督导，但有判断力	每一次学习均需要督导	学习进度慢，记忆力差
		初核	10、9	8、7	6、5	4、3	2、1
		复核	10、9	8、7	6、5	4、3	2、1

续表

员工编号			姓　名		单位		
职　称			到职日期	年　月　日	现职到职日期	年　月　日	
工作内容							
考核项目		配分	分项鉴定分画“○”				
学识	6. 分析判断能力	10	有高度敏锐的分析能力，能正确判断处理问题	有分析能力，亦能正确判断	稍具分析能力，能应用经验判断	在较狭窄范围内，可自行判断	只依上级指示执行
		初核	10、9	8、7	6、5	4、3	2、1
		复核	10、9	8、7	6、5	4、3	2、1
	7. 工作技能	10	工作知识很丰富，技能娴熟，善于应用	技能在工作要求之上	技能符合工作要求	技能一般，勉强符合工作要求	技能较差
		初核	10、9	8、7	6、5	4、3	2、1
		复核	10、9	8、7	6、5	4、3	2、1
品德	8. 工作态度	5	对工作甚感兴趣，认真积极	能接受批评指导，勇于改错	工作尚积极，执行力稍差	见异思迁，对工作无兴趣	漠视工作，懒散无度
		初核	5	4	3	2	1
		复核	5	4	3	2	1
	9. 品格	5	彬彬有礼，能获得信任	和蔼可亲，实事求是，给同事留下良好印象	待人接物有分寸，容易相处	固执，个性稍强	孤僻，暴躁，不易相处
		初核	5	4	3	2	1
		复核	5	4	3	2	1
	10. 服从	5	能服从指挥，贯彻命令	服从性佳，循规蹈矩	服从性尚佳，能遵纪守法	服从性尚可，偶尔须强迫工作	服从性欠佳，有本位主义作风
		初核	5	4	3	2	1
		复核	5	4	3	2	1
考勤	事假______天 病假______天 迟到、早退______天 旷职（工）______天		初核签章		得分（70%）		总分
			复核签章		得分（30%）		

5.4 员工工作绩效考评表

<table>
<tr><th>评价因素</th><th colspan="2">内容</th><th>得分</th></tr>
<tr><td rowspan="2">基本情况
20分</td><td colspan="2">1. 出勤　　事假扣2分/天，早退或迟到扣1分/天</td><td></td></tr>
<tr><td colspan="2">2. 失误扣5分/次，优秀员工加5分/次
失误：　次，当优秀员工：　次</td><td></td></tr>
<tr><td rowspan="5">工作态度
50分</td><td colspan="2">3. 工作责任心强、认真、努力，积极为公司着想</td><td></td></tr>
<tr><td colspan="2">4. 遵章守纪，坚持原则</td><td></td></tr>
<tr><td colspan="2">5. 重礼仪、懂礼貌、言行得体</td><td></td></tr>
<tr><td colspan="2">6. 关心集体，积极参与各项集体活动</td><td></td></tr>
<tr><td colspan="2">7. 工作积极主动，任劳任怨，勇于克服困难</td><td></td></tr>
<tr><td rowspan="4">工作协作性
40分</td><td colspan="2">8. 服从指挥，理解上级指示，正确处理公司内外部关系</td><td></td></tr>
<tr><td colspan="2">9. 能够与本部门同事主动配合，团结协作</td><td></td></tr>
<tr><td colspan="2">10. 与本公司其他部门人员沟通良好，积极配合业务开展</td><td></td></tr>
<tr><td colspan="2">11. 本人积极向上，不说、少说或不干对公司不利的话或事，起表率作用</td><td></td></tr>
<tr><td rowspan="7">工作能力
和成绩
70分</td><td colspan="2">12. 无失职或造成投诉的行为</td><td></td></tr>
<tr><td colspan="2">13. 完成了岗位职责规定的任务</td><td></td></tr>
<tr><td colspan="2">14. 具有良好的专业知识，业务熟练，能胜任本职工作</td><td></td></tr>
<tr><td colspan="2">15. 快速、及时、低成本地完成本职工作</td><td></td></tr>
<tr><td colspan="2">16. 具有独立解决问题的能力和应变能力</td><td></td></tr>
<tr><td colspan="2">17. 工作中能发现问题、创造性地解决问题，善于处理突发事件</td><td></td></tr>
<tr><td colspan="2">18. 工作效率高，有感召力，发展潜力大</td><td></td></tr>
<tr><td>合计得分</td><td></td><td>被考评人</td><td></td></tr>
</table>

说明：表中每项最多评10分，可填0～10分。基本情况由公司的打卡机和档案记录获得，无须人为评估，失误指记录在案的较严重的不良行为。

5.5 管理层人员考核表

经理人员能力考核表

分类		评价内容	满分	第1次	第2次	调整
工作态度	1	经营计划的立案、实施是否有充分的准备	5			
	2	是否以长期的展望探索公司的未来	15			
	3	是否有以负责人的眼光注意到全体	5			
	4	是否重视经营理念	5			
	5	是否有敏锐的利益感觉	5			
基本能力	6	为了达成目标，是否能站在最前线指挥	15			
	7	是否能省钱，早日确实地达成目标	5			
	8	是否重视长期目标的实施	5			
	9	是否能严守期限，达成目标	5			
	10	是否能随机应变，在修改目标值的同时也能达成目标	5			
业务熟练程度	11	是否能以全公司的立场发言、提议	5			
	12	是否能以长期的观点制定企划	5			
	13	是否能以公司的观点收集情报	10			
	14	是否能与其他部门交流情报	5			
	15	是否积极地与其他部门协调	5			
责任感	16	是否确实把握部属的优、缺点	5			
	17	是否与部属沟通交流	5			
	18	是否适材适所	10			
	19	是否热心培育后继者	5			
协调性	20	是否仔细地聆听部属意见	5			
	21	是否注意身体的健康	5			
	22	是否谨慎地使用金钱	10			
	23	是否热心于小组内部意见的沟通	10			
	24	绝不引起性别问题	5			
自我启发	25	是否认真对待顾客	5			
	26	对社会及时代的变迁是否敏锐	5			
	27	是否热心于吸取新技术与知识	10			
	28	站在国际的视野上是否能自我革新	5			
	29	为了改善，是否可以抛弃前例	10			
	30	是否不怠于未来的预测	5			
		评价分数合计	200			

本表从工作态度、基本能力、业务熟练程度、责任感、协调性、自我启发等六个方面对一个经理人员应具备的素质进行了考核，它方便企业对经理人员的素质进行全面检查。

评分标准：180 分以上为优秀　　150～179 分为良好

120～149 分为中等　　100～119 分为及格

未满 100 分为不及格

一般管理人员能力考核表

分类	评价内容		满分	第1次	第2次	调整
领导能力	1	领导部属时，是否自己率先示范	10			
	2	遭遇困难时，是否能沉着果断地指导部属	5			
	3	是否公平且冷静地对待部属	5			
	4	小组是否充满朝气	5			
	5	是否得到部属坚定的信赖	5			
部属培养能力	6	是否确实把握部属的优、缺点	5			
	7	是否从旁给予帮助、建议，以发挥部属的优点	5			
	8	是否适材适所	10			
	9	是否能引发部属发表意见	5			
	10	是否仔细地聆听部属的意见	5			
士气	11	是否注意身体的健康	5			
	12	是否谨慎地使用金钱	10			
	13	是否热心于小组内部意见的沟通	5			
	14	绝不引起性别问题	5			
	15	是否认真对待顾客	10			
目标达成	16	是否能以公司的方针拟定目标	5			
	17	是否尽最大的努力达成目标	15			
	18	是否能省钱、早日、确实地达成目标	15			
	19	是否能严守期限，达成目标	5			
责任感	20	是否能随机应变，达成目标	5			
	21	是否能以全公司的立场发言、提议	5			
	22	是否能以长期的观点制定企划	5			
	23	是否能以公司的观点制定企划	10			
	24	是否能与其他部门交流情报	5			
自我拓展	25	是否积极地与其他部门协调	5			
	26	是否热衷于人事的扩展	5			
	27	是否虚心地听取部属或晚辈的建议、意见	5			
	28	是否经常汲取新的潮流、技术	5			
	29	是否不怠于未来的预测	10			
	30	为了改善，是否可以抛弃前例	5			
		评价分数合计	200			

本表从领导能力、部属培养能力、士气、目标达成、责任感、自我拓展等六大方面对一般管理人员的人事能力进行了全面考核，方便企业家了解一般管理人员的素质。

评分标准：180 分以上为优秀　　150 ~ 179 分为良好

120 ~ 149 分为中等　　100 ~ 119 分为及格

未满 100 分为不及格

5.6 管理层人员年度绩效评价标准

<table>
<tr><th colspan="2">评价目标</th><th colspan="5">评价标准</th><th>得分</th></tr>
<tr><td rowspan="6">工作态度15分</td><td>遵章守纪</td><td>不能认真贯彻落实各项规章制度，本单位或本人有严重的违纪现象或工伤事故超标</td><td>贯彻执行各项规章制度不力，本单位或本人有违纪现象</td><td>基本上能贯彻执行各项规章制度，本单位基本无违纪现象，工伤事故控制在指标内</td><td>能贯彻执行各项规章制度，平时有检查和督促，本单位无一人出现违纪和工伤事故</td><td>能认真贯彻执行各项规章制度，平时检查督促有力，单位无一人出现违纪现象和工伤事故</td><td>得分</td></tr>
<tr><td>分值 5</td><td>0</td><td>1</td><td>2</td><td>3～4</td><td>5</td><td></td></tr>
<tr><td>政策性与原则性</td><td>经常不按政策和原则办事，独断专行</td><td>偶尔不按政策和原则办事，大事相互间不协调和商定</td><td>基本上能按政策和原则办事</td><td>政策性与原则性较强</td><td>严格按政策与原则办事</td><td>得分</td></tr>
<tr><td>分值 5</td><td>0</td><td>1</td><td>2</td><td>3～4</td><td>5</td><td></td></tr>
<tr><td>事业心与责任感</td><td>不热爱自己的事业，事事见异思迁，工作较消沉，经常完不成任务</td><td>事业心不强，对本职工作缺乏责任心，遇事推诿</td><td>工作勤恳，办事扎实，有事业心，能够保质保量地完成自己的工作</td><td>热爱自己的事业，责任感较强，本职工作完成得较为出色</td><td>对事业倾注自己全部的精力，责任感很强，总是力图将自己的工作完成得最好</td><td>得分</td></tr>
<tr><td>分值 5</td><td>0</td><td>1</td><td>2</td><td>3～4</td><td>5</td><td></td></tr>
</table>

续表

评价目标		评价标准					得分
工作能力45分	组织协调能力	常常无计划地组织单位的工作，关键时无措施	能制定一些计划来组织单位工作，但计划不合理	经常计划在前，而且计划较合理	能详细地制定单位计划，制定合理，措施得当	得心应手把握全局计划，非常合理	得分
	分值5	1	2	3	4	5	
	决策和分析判断能力	非常主观且带偏见，不善于听取别人意见，决策失误较多	对事情不能恰当地分析，所做决策有时有失误	能正确分析事情和形式，所做决策基本上无失误	能合理分析事情和形势，指导性较强	能果断地分析和判定失误，决策正确	得分
	分值5	1	2	3	4	5	
	管理和专业知识	常常需要别人的帮助和指导，无先进的管理经验	掌握简单的管理和专业知识，但不能适应岗位要求	掌握足够管理和专业知识，无须别人指导	专业和管理知识较丰富，掌握相关知识	全面掌握专业和管理知识且运用较好	得分
	分值5	1	2	3	4	5	
	创新能力	从没有创新的建议	偶尔对工作提出创新建议	年度内在管理上提出3项创新的建议并组织实施	年度内提出4～5项创新建议并组织实施	年度内创新建议5项以上，且实施效果较好	得分
	分值20	0	1～5	6～10	11～15	16～20	
	用人授权能力	任人唯亲，对下属不按权限、程序授权	基本上不任人唯亲，用人有失误	不任人唯亲，用人有失误	任人唯贤，善于用人	任人唯贤，人尽其才	得分
	分值5	0	1	2	3～4	5	
	人际关系能力	不善于同周围的人沟通，经常错误传达信息	不善于同周围的人沟通，信息来源较少，传达信息尚可	善于同周围的人沟通，信息来源多且传达准确	善于同周围的人沟通和合作，准确传达信息，值得信赖和依赖	精于同周围的人沟通和合作，在增进了解和传达信息方面有出色表现	得分
	分值5	1	2	3	4	5	

续表

<table>
<tr><td colspan="2">评价目标</td><td colspan="5">评价标准</td><td>得分</td></tr>
<tr><td rowspan="10">工作成绩40分</td><td>目标完成情况</td><td>没完成规定目标</td><td>基本上完成规定目标</td><td>规定目标完成较好</td><td>比规定目标完成得多</td><td>比规定目标完成得既好又多</td><td>得分</td></tr>
<tr><td>分值 15</td><td>0</td><td>1～3</td><td>4～7</td><td>8～10</td><td>11～15</td><td></td></tr>
<tr><td>工作效益</td><td>较差</td><td>一般</td><td>平均水平</td><td>良好</td><td>突出</td><td>得分</td></tr>
<tr><td>分值 10</td><td>1</td><td>2～3</td><td>4～5</td><td>6～7</td><td>8～10</td><td></td></tr>
<tr><td>工作质量</td><td>工作质量很差，让上级部门无法接受</td><td>有时工作质量较差</td><td>工作质量基本上让上级满意</td><td>工作质量较好，高于平均水平</td><td>工作质量好，无可挑剔</td><td>得分</td></tr>
<tr><td>分值 5</td><td>0</td><td>1</td><td>2</td><td>3～4</td><td>5</td><td></td></tr>
<tr><td>工作效率</td><td>所布置的工作从不检查，大部分工作出现到期完不成的情况</td><td>所承担的工作虽能检查，但出现到期完不成的情况</td><td>基本上能按期完成工作</td><td>保证到期完成工作，且无差错</td><td>所承担的工作一般都是提前完成，且无差错</td><td>得分</td></tr>
<tr><td>分值 5</td><td>0</td><td>1</td><td>2</td><td>3～4</td><td>5</td><td></td></tr>
<tr><td>员工素质发展</td><td>无目标，无措施，无提高</td><td>有目标，有措施，但提高不大</td><td>目标明确，措施较好，明显提高</td><td>目标定位高，配套措施完善，素质有较大提高</td><td>目标高，措施得力，提高很大</td><td>得分</td></tr>
<tr><td>分值 5</td><td>0</td><td>1</td><td>2</td><td>3～4</td><td>5</td><td></td></tr>
</table>

总分数		工作态度		工作能力		工作成绩	

5.7 主管工作成绩考核表

______年度______月　　　　编号：__________

单位：________________　　　　　　　　　　　　姓名：__________

考核项目	评分标准									
	一		二		三		四		五	
学识经验	学识丰富，能触类旁通，且常提供改进意见	20	学识经验较一般人为良好	16	肯求新求进，接受指导，尚能应付工作	12	不求上进，尚需训练	8	对工作要求茫然无知，工作疏忽	4
管理	善知人派事，分析认识问题，透过他人完成工作并检讨	30	能知人派事认识问题，并透过他人完成工作	24	尚能知人派事，了解问题，不失职份	18	不善于用人，不分析问题及检讨工作成果	12	对于管理全然不关心	6
责任感	任劳任怨，竭尽所能完成任务	20	工作努力，分内工作非常完善	16	有责任心，能自动自发	12	交付工作需常督促始能完成	8	敷衍无责任心，做事粗心大意	4
指导能力	完整正确地指挥计划工作，激发他人工作热情	10	命令顺利下达，能发生良好效果	8	尚能领导他人工作	6	领导能力较差，工作有时不能达到预期效果	4	完全没有领导能力，不能使人信服	2
业务执行力	理解力非常强，对事判断极正确，处理力极强	20	理解力良好，对事判断正确，处理力强	16	理解判断力普通，处理事务不常有错误	12	理解较迟，对复杂事件判断力不够	8	理解迟钝、判断力不良，经常无法处理事务	4
奖惩记录							考核评分			
							奖惩增减分			
							考绩			

考核者：____________

本表从五个方面对主管人员服务成绩进行了详尽的考核，有利于企业了解各主管人员的素质。

评分标准：90以上为优秀　　　　80～90分为良好

70～79分为中等　　　　60～69分为及格

60分以下为不及格

5.8 助理人员绩效考核表

年　　月　　日

项目	内容	分数				
		5 分	4 分	3 分	2 分	1 分
绩效 25%	目标达成度	超过目标	达到既定目标	尚可	欠佳	落后
	工作品质	很完美	完美	尚可	欠佳	很差
	工作方法	很得要领	能简化	尚可	欠佳	不得要领
	工作量	很多	多	尚可	较少	太少
	工作效率	很高	高	尚可	差	很差
能力 25%	执行力	彻底执行	能执行	尚可	欠佳	很差
	企划能力	有新构想	求新	尚可	欠佳	不愿用头脑
	理解力	能举一反三	良好	尚可	欠佳	很差
	判断力	机警过人	正确	尚可	欠佳	很差
	应变力	反应灵活	强	尚可	欠佳	反应慢
品德 25%	服从性	贯彻命令	肯服从	尚可	欠佳	不负责
	协作性	很好	好	尚可	差	太差
	对公司的态度	很忠诚	配合	尚可	欠佳	差
	个人修养	很有修养	有修养	尚可	差	太差
	集体荣誉感	很强	强	尚可	差	差
学识 25%	专业知识	很丰富	丰富	普通	不足	太差
	一般知识	很丰富	丰富	普通	不足	太差
	文字表达能力	很强	良好	普通	不足	太差
	发展潜力	不可限量	有发展潜力	普通	不足	不可造就
	学识应用于本职的程度	很适用	可应用	尚可	不足	太差
计分						
各级主管评语						

5.9 销售人员能力考核表

分类		评价内容	满分	第1次	第2次	调整
工作态度	1	能全心全意地工作，且能成为其他职员的模范	10			
	2	细心地完成任务	5			
	3	做事敏捷、效率高	5			
	4	具备商品知识，能应对顾客的需求	5			
	5	不倦怠，且正确地向上司报告	5			
基础能力	6	精通职务内容，具备处理事务的能力	5			
	7	掌握职务上的要点	5			
	8	正确掌握上司的指示，并正确地转达	5			
	9	严守报告、联络、协商的规则	5			
	10	在既定的时间内完成工作	5			
业务熟练程度	11	能掌握工作的进度，并有效地进行工作	5			
	12	能随机应变	10			
	13	有价值概念，且能创造新的价值概念	5			
	14	善于与顾客交涉，且说服力强	5			
	15	善于与顾客交际应酬，且不浪费时间	5			
责任感	16	树立目标，并朝目标前进	5			
	17	有信念，并能坚持	10			
	18	有开拓新业务的热心	10			
	19	预测过失的可能性，并想出预防的决策	5			
协调性	20	做事冷静，绝不感情用事	5			
	21	与他人协调的同时，也朝自己的目标前进	5			
	22	在工作上乐于帮助同事	5			
	23	尽心尽力地服从与自己意见相左的决定	10			
	24	有卓越的交涉与说服能力，且不树立敌人	5			
自我启发	25	以市场的动向树立营业目标	10			
	26	有进取心、决断力	10			
	27	积极地革新、改革	5			
	28	即使是自己分外的事，也能做企划或提出提案	10			
	29	热衷于吸收新情报或知识	10			
	30	以长期的展望制定目标或计划，并付诸实行	10			
		评价分数合计	200			

本表从工作态度、基础能力、业务熟练程度、责任感、协调性、自我启发等六大方面对营销人员进行了全面考核，方便企业对营销人员的素质有一个全面了解。

评分标准：180 分以上为优秀　150～179 分为良好

120～149 分为中等　100～119 分为及格　未满 100 分为不及格

5.10 技术人员能力考核表

分类		评价内容	满分	第1次	第2次	调整
工作态度	1	很少迟到、早退、缺席，工作态度认真	10			
	2	细心地达成任务	5			
	3	做事敏捷、效率高	5			
	4	遵守上司的指示	5			
	5	不倦怠，且正确地向上司报告	5			
基础能力	6	精通职务内容，具备处理事务的能力	5			
	7	掌握职务上的要点	5			
	8	正确理解上司的指示，并正确地转达	5			
	9	严守报告、联络、协商的规则	10			
	10	在既定的时间内完成工作	5			
业务熟练程度	11	能掌握工作的进度，并有效地推进	5			
	12	能随机应变	10			
	13	有价值概念，且能创造新的价值概念	5			
	14	善于与顾客交涉，且说服力强	5			
	15	可以自己做新的工作	5			
责任感	16	责任感强，切实完成交付的工作	5			
	17	即使是难的工作，身为组织的一员也应勇于面对	10			
	18	努力用心地处理事情，避免过错的发生	5			
	19	预测过错的可能性，并想出预防的对策	10			
协调性	20	做事冷静，绝不感情用事	5			
	21	与他人协调的同时，也朝自己的目标前进	5			
	22	重视与其他部门的人协调	5			
	23	在工作上乐于帮助同事	10			
	24	尽心尽力地服从与自己意见相左的决定	5			
自我启发	25	热衷于吸收新情况或知识	10			
	26	以市场的动向制定生产计划	10			
	27	有进取心、决断力	5			
	28	积极地革新、改革	5			
	29	即使是自己分外的事，也能企划或提出提案	10			
	30	以长期的展望制定目标或计划，并付诸实行	10			
		评价分数合计	200			

本表从工作态度、业务熟悉程度等六大方面对技术人员的能力进行了全面考核，方便企业全面了解一个技术人员的工作能力。

评分标准：180 分以上为优秀　150～179 分为良好　120～149 分为一般

100～119 分为及格　100 分以下为不及格

5.11 操作人员绩效考核表

______年度______月　　编号：__________

单位：__________　　姓名：__________

考核项目	评分标准									
	甲		乙		丙		丁		戊	
技能	工作最精确，错误极少并提前完成工作	20	工作精确，错误少，工作能力比一般人高	16	工作认真，错误正常，工作能力不比一般人差	12	工作欠精确，效率低，常需纠正	8	工作常有错误，拖延时间	4
协调性	与人协调无间，为工作顺利完成尽最大努力	20	爱护团体，常协助别人	16	肯应别人要求帮助他人	12	仅在必要与人协调之工作上与人合作	8	精神散漫，不肯与人合作	4
责任感	任劳任怨，竭尽所能完成任务	20	工作努力，分内工作非常完善	16	有责任心，能主动自觉	12	交付工作需常督促始能完成	8	敷衍无责任感，粗心大意	4
积极性	奉公守法，为他人楷模	10	热心工作，支持公司各方面政策	8	对本身工作感兴趣，不于工作时间开玩笑	6	工作无恒心，精神不振，不满现实	4	态度傲慢，常唆使他人向公司做不合理要求	2
主动性	不浪费时间，不畏劳苦，交付工作抢先完成	30	守时守规不偷懒，勤奋工作	24	虽少迟到早退，但上班后常不在岗位	18	借故逃避繁重工作或与其他工人常聊天	12	时常迟到早退，工作不力，时常离开工作岗位	6
奖惩记录							考核评分			
							奖惩增减分			
							考绩			
评语							考核者			

本表从五大方面对从事具体操作的工作人员的服务成绩进行考评，方便企业对操作人员的能力有所了解。

评分标准：90 分以上优秀　　80～89 分为良好

70～79 分为中等　　60～69 分为及格　　60 分以下不及格

5.12 会计人员绩效考核表

项目	评分内容	指导
账册管理是否万全	5 4 3 2 1	
现金管理是否万全	5 4 3 2 1	
现金的收支是否谨慎	5 4 3 2 1	
支票的核对是否万全	5 4 3 2 1	
预付款的核对是否万全	5 4 3 2 1	
各种计算是否确实	5 4 3 2 1	
收款处理是否确实	5 4 3 2 1	
付款处理是否谨慎	5 4 3 2 1	
与银行的交涉如何	5 4 3 2 1	
资金的准备如何	5 4 3 2 1	
是否热心于资产的扩展	5 4 3 2 1	
是否热心于费用的节省	5 4 3 2 1	

本表从十二个方面对会计部门业务能力进行了详尽的分析，有利于企业全面了解会计部门的工作能力。

评分标准：50 分以上为优　　45～49 分为良

40～44 分为中　　35～39 分为合格

35 分以下为不合格

5.13　绩效考核面谈表

工作成功的方面：
工作中需要改善的地方：
是否需要接受一定的培训：
本人认为自己的工作在本部门和全公司中处于什么水平？
本人认为本部门工作最好、最差的是谁？全公司呢？
对考核有什么意见？
希望从公司得到怎样的帮助？
下一步的工作和绩效的改进方向：
面谈人签名： 日期：
备注：
说明： 1. 绩效考核面谈表的目的是了解员工对绩效考核的反馈信息，并最终提高员工的业绩； 2. 绩效考核面谈应在绩效考核结束后一周内由上级主管安排，并报行政人事部备案。

5.14 员工弹性工作考核表

<table>
<tr><td colspan="3">大部门：</td><td colspan="4">分部门：</td></tr>
<tr><td colspan="3">被考核人姓名：</td><td colspan="3">职位：</td><td>工资号：</td></tr>
<tr><td colspan="3">考核人姓名：</td><td colspan="4">职位：</td></tr>
<tr><td colspan="7">工作的目标设定</td></tr>
<tr><td>业务目标</td><td>衡量标准</td><td>权重</td><td>完成时间</td><td>任务完成率</td><td>自己评分
（权重×完成率）</td><td>上级评分
（权重×完成率）</td></tr>
<tr><td>1</td><td></td><td></td><td></td><td></td><td></td><td></td></tr>
<tr><td>2</td><td></td><td></td><td></td><td></td><td></td><td></td></tr>
<tr><td>3</td><td></td><td></td><td></td><td></td><td></td><td></td></tr>
<tr><td>4</td><td></td><td></td><td></td><td></td><td></td><td></td></tr>
<tr><td>5</td><td></td><td></td><td></td><td></td><td></td><td></td></tr>
<tr><td>对相关部门支持目标</td><td>—</td><td>—</td><td>—</td><td>—</td><td>—</td><td>—</td></tr>
<tr><td>1</td><td></td><td></td><td></td><td></td><td></td><td></td></tr>
<tr><td>2</td><td></td><td></td><td></td><td></td><td></td><td></td></tr>
<tr><td>3</td><td></td><td></td><td></td><td></td><td></td><td></td></tr>
<tr><td>行为/管理目标</td><td>—</td><td>—</td><td>—</td><td>—</td><td>—</td><td>—</td></tr>
<tr><td>1</td><td></td><td></td><td></td><td></td><td></td><td></td></tr>
<tr><td>2</td><td></td><td></td><td></td><td></td><td></td><td></td></tr>
<tr><td>3</td><td></td><td></td><td></td><td></td><td></td><td></td></tr>
<tr><td colspan="7">功过记录：</td></tr>
<tr><td colspan="7">本月工作任务完成情况</td></tr>
<tr><td colspan="7">任务 1</td></tr>
<tr><td colspan="7">任务 2</td></tr>
<tr><td colspan="7">任务 3</td></tr>
<tr><td colspan="7">任务 4</td></tr>
<tr><td colspan="7">任务 5</td></tr>
<tr><td colspan="7">任务 6</td></tr>
</table>

被考核人签名： 日期： 考核人签名： 日期

注：此表一式三份，被考核者本人，考核者上级及人力资源部各执一份

5.15 员工年度考核成绩表

单位：　　　　　　　　　　　　　　　　　　　　　　　　编号：________

姓名		职位		薪金		到职日	

本年度考绩		本年度请假	迟到	早退	旷工	事假	病假	其他	本年度功过	大功	小功	嘉奖	大过	小过	申诫

考绩项目		最高分数	初核		复核	
专长及学识25%	本职技能及知识	25		( ) × $\frac{25}{100}$ = ( )		( ) × $\frac{25}{100}$ = ( )
	经验及见解	25				
	特殊贡献	25				
	专长及一般常识	25				
平常考绩得分 75%		100	( ) × $\frac{75}{100}$ = ( )		( ) × $\frac{75}{100}$ = ( )	

年度总成绩合计分数（　　　）+（　　　）=（　　　）

考绩成绩	本年度请假应扣分数	
	本年度功过应增减分数	
	实得分数	
	等级	
	应予奖惩	
备注		

考核人签名		被考核人签名	

第6章

员工品行、工作态度及能力考评

6.1 员工工作态度考核表

○参与工作的基本态度	第1次评价	第2次评价
□1. 参与工作时，精神很振奋		
□2. 彻底做好工作场所的整理、整顿工作		
□3. 切实实施工作目标、工作方法		
□4. 注重工作上所需用具、工具		
□5. 致力于制造愉快、良好的合作环境		
○提高工作效率的努力		
□1. 确认生产目标、工作目标，并踏实地达成		
□2. 遵守工作的日程、优先顺序		
□3. 仔细检查图面、规格后再工作		
□4. 尽早切实地做好材料、工具等的准备工作		
□5. 不重复小错误、小损失		
○工作零差错的努力		
□1. 预测可发生的过失，并努力防患于未然		
□2. 有问题绝不搁置，立即报告上司		
□3. 不忽略工作前的检查与确认		
□4. 谨慎操作开关或机械		
□5. 致力于根绝大意的过失、连续失误		
○改善、改良的努力		
□1. 注意每天是否有待改进的地方		
□2. 不断思考为何变成这样，为何不顺利等		
□3. 若改变人与机器的配合时，会发生怎样的变化		
□4. 若改变材料与加工方式的配合时，会发生什么变化		
□5. 尊重他人的构想，并给予正确的评价		

本表由领班小组长对下属员工对待工作的态度进行评价，促进员工不断端正工作态度，提高工作效率。

6.2 员工综合素质考核表

年　　月　　日

所属部门		职务		姓名	
工作内容简述					

评分项目	职务级别评分比例		说明	初评	分数	复评	分数	综合评语
	（一）	（二）						
工作量	10	15	在一定期间内完成交付工作的量与速度	1～5分		1～5分		
工作效率	10	15	完成交付工作的正确性及品质	1～5分		1～5分		
安全卫生意识	5	5	注意工作环境的安全卫生，避免工作中危险发生的态度	1～5分		1～5分		
成本意识	10	10	执行工作中节省物力，避免浪费的态度	1～5分		1～5分		
责任感	10	10	积极完成工作责任的努力程度	1～5分		1～5分		
适应性	10	5	对工作环境的适应及与同事间的合作能力	1～5分		1～5分		
品德操行	15	15	执行工作的操守、个人修养及爱护公司的观念	1～5分		1～5分		
工作知识	15	15	具备执行工作所必需的基本知识、专业知识	1～5分		1～5分		
学习能力	5	10	对工作技术、知识接受教导及自行研习的能力	1～5分		1～5分		
领导能力	10		引导、激励部属的能力	1～5分		1～5分		
总分								

全年度考勤记录累计									考绩等级	
事	病	婚	娩	丧	休	伤	迟	旷		
									奖惩	□晋级 □晋级加奖金　个月薪资 □考绩奖金　个月薪资额 □不奖 □降级
合计　　日　　时										
受奖加分										
受罚减分										
考勤加分										
考勤减分										
得分核计										

职务级别适用评分比例编号：（一）小组领导；（二）一般工员。

本表由上级主管对下属十个方面的素质进行考核，可充分体现员工工作的综合素质。

6.3 员工专业技术知识检查表

○每个人都应知道的事	第1次评价	第2次评价
□1. 知道主力商品技术上的特征		
□2. 熟读主力商品的使用说明书		
□3. 具备主力商品在技术发展过程中的基本知识		
□4. 了解主力商品的竞争对手在技术上的差异		
□5. 了解公司综合技术能力的基本知识		
○关于新产品应有的知识		
□1. 知道新产品在技术上的改良点		
□2. 知道新产品的技术服务重点		
□3. 关心使用者对新产品在技术上的评价		
□4. 关心业界对新产品在技术上的评价		
□5. 迅速地学会新产品的操作		
○与使用者在接触上应知道的事		
□1. 从使用公司商品的人那里听取个人直接的感想		
□2. 知道使用者对公司商品的技术的评价		
□3. 强烈关心公司商品的服务手册		
□4. 以使用者的立场使用公司的商品		
□5. 知道公司商品的宣传重点，并了解它的效果		
○对技术开发现场的关心		
□1. 积极从事与技术开发承办者的交流		
□2. 技术上有不明之处，会立刻询问技术关系人		
□3. 经常出席产品的技术说明会		
□4. 参观制造现场，听取制造过程简报		
□5. 对于技术开发，提出自己的意见		
○对技术开发的关心		
□1. 关心公司技术范围的报章消息		
□2. 阅读公司技术范围专业杂志		
□3. 阅读公司技术范围专业书籍		
□4. 关心业界整体的技术开发动向		
□5. 关心先进技术		

6.4 员工考评表

填表时间　　年

姓名		性别		年龄		考评者	初评	调整	审批者	
职别		部门					（章）	（章）		

评定因素	评定项目	奖金考评		提薪考评		特别记事
		初评	调整	初评	调整	
成绩评价	质量					
	数量					
	教育指导					
	创新改进					
工作态度评价	纪律性					
	协调性					
	积极性					
	责任性					
	自我开发					
	热情					
能力评价	知识技能					
	判断决断					
	交涉协调					
	应用开发					
	指导监督					

评语 S……180 以上 A……150～179 B……90～149 C……60～89 D……60 以下	考评合计	分	分	考评合计	分	分	人事部记入栏	
	评语			评语			最终评语	奖金
	申请评语			申请评语				

本表由主管部门对下属员工的成绩、工作态度、能力三方面进行考评，方便企业家了解员工这些方面的素养。

评语的含义：

S——非常优秀、毫无过失　　A——毫无过失　　B——符合要求、基本满意

C——最好再努把力　　D——尚需非常努力才行

6.5 工作自主性测评

测评目标：工作自主性

测评说明：每道题有三个答案，根据实际情况，选择适合自己的项。

测评题：

1. 在工作中你愿意：

   A. 与别人合作

   B. 说不准

   C. 自己单独进行

2. 在接受困难任务时：

   A. 有独立完成的信心

   B. 拿不准

   C. 希望有别人的帮助和指导

3. 希望把你的家庭设计成：

   A. 有自己活动和娱乐的个人世界

   B. 与邻里朋友活动交往的空间

   C. 介于A、B之间

4. 解决问题借助于：

   A. 独立思考

   B. 与别人讨论

   C. 介于A、B之间

5. 在以前与异性朋友的交往：

   A. 较多

   B. 一般

   C. 比别人少

6. 在社团活动中，是不是积极分子？

   A. 是的

B. 看兴趣

C. 不是

7. 当别人指责你古怪不正常时：

A. 非常生气

B. 有些生气

C. 我行我素

8. 到一个新城市找地址，一般是：

A. 向别人问路

B. 看地图

C. 介于 A、B 之间

9. 在工作上，喜欢独自筹划或不愿别人干涉：

A. 是的

B. 不好说

C. 喜欢与人共事

10. 你的学习多依赖于：

A. 阅读书刊

B. 参加集体讨论

C. 介于 A、B 之间

测评标准

题号 / 答案 / 得分	1	2	3	4	5	6	7	8	9	10
A	0	2	2	2	0	0	0	0	2	2
B	1	1	0	0	1	1	1	2	1	0
C	2	0	1	1	2	2	2	1	0	1

测评分析

15 ~ 20 分：自主性很强。自立自强，当机立断；

11 ~ 14 分：自主性一般。对某些问题常常拿不定主意；

0 ~ 10 分：自主性低。依赖、随群、附和。

6.6 员工能力与态度考核表

<table>
<tr><td>姓名</td><td colspan="2"></td><td>所属部门</td><td colspan="2"></td><td>第一次</td><td></td><td>第二次</td><td></td></tr>
<tr><td rowspan="2">出生日期</td><td colspan="2" rowspan="2"></td><td rowspan="2">成绩评语</td><td>上半年</td><td>下半年</td><td rowspan="2">出勤</td><td>缺勤</td><td>其他</td><td rowspan="2">—</td></tr>
<tr><td></td><td></td><td></td><td></td></tr>
<tr><td colspan="10">·第一次评定用黑笔，第二次评定（调整）用红笔（只注明不同之处）
·合计分栏中只填写第二次评定（调整）后的分数合计</td></tr>
<tr><td colspan="2">评定项目</td><td>职级</td><td colspan="6">要点</td><td>评定</td></tr>
<tr><td>基本能力</td><td>知识</td><td>通用</td><td colspan="6">是否充分具备现任职务所要求的基础理论知识和实际业务知识</td><td></td></tr>
<tr><td rowspan="4">业务能力</td><td rowspan="2">理解力
判断力</td><td>A级
B级</td><td colspan="6">是否能充分理解上级指示，干脆利落地完成本职工作任务，不需上级反复指示或指导</td><td rowspan="2"></td></tr>
<tr><td>C级
以上</td><td colspan="6">是否能充分理解上级指示，正确把握现状，随机应变，进行恰当的处置</td></tr>
<tr><td rowspan="2">表达力
交涉力</td><td>A级
B级</td><td colspan="6">是否具有现任职务所要求的表达力（口头和文字），是否进行一般联络、说明工作</td><td rowspan="2"></td></tr>
<tr><td>C级
以上</td><td colspan="6">在和企业内外的对手交涉时，是否具有使对方诚服，接受同意或达成妥协的表达、交涉力</td></tr>
<tr><td rowspan="3">工作态度</td><td>纪律性</td><td>通用</td><td colspan="6">是否严格遵守工作纪律和规定，很少迟到、早退、缺勤等；对待上级、前辈和企业外部人士有礼貌、注重礼仪；严格遵守工作汇报制度，按时提出工作报告</td><td></td></tr>
<tr><td>协调性</td><td>通用</td><td colspan="6">在工作中，是否充分考虑到别人的处境，能否主动协助上级和同事，是否努力使工作单位团结、活跃、协调</td><td></td></tr>
<tr><td>积极性</td><td>通用</td><td colspan="6">对分配的任务是否不讲条件主动积极，尽量多做工作，主动进行改良改进，向困难挑战</td><td></td></tr>
<tr><td colspan="4" rowspan="3">[评定标准]
A ……非常优秀，理想状态
A_1……优秀，满足要求
B ……基本满足要求
B_1……略有不足
C ……不满足要求</td><td>评级</td><td colspan="5"></td></tr>
<tr><td>评语</td><td colspan="5"></td></tr>
<tr><td>决定评语</td><td colspan="5">（由人事部填写）</td></tr>
</table>

6.7 员工专业水平考核表

所属部门						姓名						职称	
工作内容													
评分项目	初评					分数	复评					分数	评语
专业知识了解程度	1	2	3	4	5		1	2	3	4	5		
能否熟练运用专业技能	1	2	3	4	5		1	2	3	4	5		
对出现问题或故障的应对能力	1	2	3	4	5		1	2	3	4	5		
专业知识与工作实践结合能力	1	2	3	4	5		1	2	3	4	5		
对上级指示的领悟力	1	2	3	4	5		1	2	3	4	5		
评定人							日期						

本表从五个方面对员工的专业水平进行了考核，有利于主管部门了解下属员工对专业知识的掌握程度、灵活运用程度、与实践结合能力等方面的情况。

评分标准： 60 分 及格

61 ~ 70 分 良好

71 ~ 80 分 优秀

80 分以上 特优

6.8 员工工作潜力考核表

<table>
<tr><td>姓名</td><td></td><td>职称</td><td></td><td>部门</td><td></td><td>工作时间</td><td></td></tr>
<tr><td colspan="2">考绩项目</td><td colspan="3">说　　明</td><td>最高分</td><td colspan="2">考绩分数</td></tr>
<tr><td rowspan="5">工作表现</td><td>实行力</td><td colspan="3">如期或提前完成交办事项</td><td>10</td><td colspan="2"></td></tr>
<tr><td>工作品质</td><td colspan="3">交办事项彻底完成</td><td>10</td><td colspan="2"></td></tr>
<tr><td>可靠性</td><td colspan="3">交办事项或工作报告的可靠性</td><td>10</td><td colspan="2"></td></tr>
<tr><td>问题研判力</td><td colspan="3">分析与解决问题的能力</td><td>10</td><td colspan="2"></td></tr>
<tr><td>工作知识</td><td colspan="3">对解决问题的知识技术与能力</td><td>10</td><td colspan="2"></td></tr>
<tr><td rowspan="6">工作品性</td><td>自发性</td><td colspan="3">主动发掘事情态度</td><td>10</td><td colspan="2"></td></tr>
<tr><td>合作性</td><td colspan="3">集体工作态度和协助他人情形</td><td>10</td><td colspan="2"></td></tr>
<tr><td>忠实性</td><td colspan="3">对职守忠实性、守秘性</td><td>10</td><td colspan="2"></td></tr>
<tr><td>领导力</td><td colspan="3">对属下指导、工作指挥能力</td><td>10</td><td colspan="2"></td></tr>
<tr><td>纪律性</td><td colspan="3">对制度、规定遵守态度</td><td>5</td><td colspan="2"></td></tr>
<tr><td>才智</td><td colspan="3">对问题反应能力</td><td>5</td><td colspan="2"></td></tr>
<tr><td colspan="5">合计</td><td>100</td><td colspan="2"></td></tr>
<tr><td colspan="8">工作潜在能力说明</td></tr>
<tr><td colspan="8">主管评语（包括应接受训练及上列考核的辅助说明）</td></tr>
<tr><td colspan="2">考核期间
自　　　　至</td><td colspan="2">原工资：</td><td colspan="2">拟建议调整为：</td><td colspan="2">晋薪比例：</td></tr>
<tr><td colspan="4">人事部门意见</td><td colspan="4">工厂资核定：
____
核准__________日期__________</td></tr>
</table>

本表由主管对下属员工表现出的工作品性进行分析，从而达到挖掘职工工作潜能的目的，有利于充分发挥每个员工的优势。

6.9 员工达标能力考核

○目标意识是否旺盛	第 1 次评价	第 2 次评价
□1. 了解做事必须抱着目标的重要性		
□2. 了解目标是行动不可欠缺的要素		
□3. 为了达成目标，必须培养自信		
□4. 为了达成目标，必须自我启发		
□5. 向同事或下属说明目标的重要性		
○拟定目标的态度		
□1. 目标不会设定得太轻松、简要		
□2. 正确掌握目标的“方针、指南”		
□3. 目标不会设定得过大		
□4. 不会胡乱制定过多的目标项目		
□5. 将目标拟定在纸上，并记录在自己的手册里		
○开始迈向目标的心理准备		
□1. 先拟定目标实现的日程表后再行动		
□2. 假想中途报告、联络、协商的重点		
□3. 设立终点目标后再行动		
□4. 考虑达到终点目标的手段、难处后再行动		
□5. 怀抱绝对的信心出发		
○实施、执行时的态度		
□1. 随时检查每日、每周、每月、每年的目标达成进度		
□2. 若预定进度发生偏差，能早日采取修正的对策		
□3. 具有进展中随时报告、联络、协调的概念		
□4. 预定进度发生偏差时，能彻底分析原因		
○不顺利时的原因追溯		
□1. 即使无法顺利达成目标，也不归罪他人		
□2. 不顺利的情况下，应早日请示上司		
□3. 重新思考不顺利的原因，并拟定对策		
□4. 如知道是缺乏干劲而导致不顺利的话，应自我振作		
□5. 凡事不顺利，也不轻言放弃		

本表由主管部门对下属员工的目标意识及达成的努力程度进行考核，从而达到促进员工不断进取的目的。

6.10 员工创新能力考核表

姓名			职称		
评分项目	初评	分数	复评	分数	评语
问题发现能力	1 2 3 4 5		1 2 3 4 5		
技术改进能力	1 2 3 4 5		1 2 3 4 5		
产品创新能力	1 2 3 4 5		1 2 3 4 5		
新环境适应能力	1 2 3 4 5		1 2 3 4 5		
提出新方案能力	1 2 3 4 5		1 2 3 4 5		
主管			日期		

本表由主管部门对下属职员的创新能力进行评价，一方面促进职员不断创新，另一方面便于主管部门发现具有创新能力的职员，以充分挖掘职员潜力。

6.11 员工管理潜能评定表

<table>
<tr><td colspan="2">姓名</td><td></td><td>年龄</td><td></td><td>到职年月</td><td></td></tr>
<tr><td colspan="2">服务部门</td><td></td><td>现任职务或职级</td><td></td><td>担任本职开始年月</td><td></td></tr>
<tr><td rowspan="6">管理才能</td><td>项目</td><td>优异</td><td>良好</td><td>平常</td><td>欠佳</td><td>本项目评语</td></tr>
<tr><td>领导能力</td><td></td><td></td><td></td><td></td><td></td></tr>
<tr><td>处事能力</td><td></td><td></td><td></td><td></td><td></td></tr>
<tr><td>协调能力</td><td></td><td></td><td></td><td></td><td></td></tr>
<tr><td>责任感</td><td></td><td></td><td></td><td></td><td></td></tr>
<tr><td>总评</td><td></td><td></td><td></td><td></td><td></td></tr>
<tr><td>培植建议</td><td colspan="6"></td></tr>
<tr><td>派职建议</td><td colspan="6"></td></tr>
</table>

上一级主管：　　　　　　　　　　直接主管：

本表由上级主管部门对下级职员的领导力、处事能力、协调能力及责任感进行考核，有利于上级发掘与培养下级的管理才能。

6.12 员工满意度调查问卷

填写日期：　年　月　日

为了提高员工的工作积极性，完善公司各方面管理制度，并达到有的放矢的目的，现对我公司员工进行此次不记名调查，希望大家从公司及自身的利益出发，积极配合，认真、详实地填写该调查表。同时为耽误您的工作时间表示歉意！

第一部分　行政人事管理部分

1. 你认为公司的招聘程序是否公正合理？如果不合理，那么哪些方面还须改进？

   A. 很合理　B. 较合理　C. 一般　D. 较不合理

   E. 很不合理，需改进的方面：________________

2. 你认为员工的绩效考评应该从以下几个方面考核（可多选）：

   A. 任务完成情况　B. 工作过程　C. 工作态度

   D. 其他：________________

3. 在绩效考评中，你认为 2 题选项中哪项应为主要考核内容：________

4. 你认为公司应该依据下述哪些标准发放薪酬（可多选）：

   A. 绩效考评结果　B. 学历　C. 在公司服务年限

   D. 其他：________________

5. 在薪酬标准中，你认为 4 题选项中哪项应为主要依据：________

6. 你认为与公司签哪种劳动合同更为合适（只限专职员工回答）？

   A. 1 年　B. 2 年　C. 3 年

   D. 没有具体年限限制，如果员工认为公司不合适或公司认为员工不合适可随时协商解除劳动合同

7. 你认为公司目前的福利制度（节日礼品、生日礼物、健康体检、带薪

假期、社会养老、失业保险）是否完善？若不完善，还需进行哪方面的改善？

A. 是　　B. 否，改善：______

8. 你认为自己最需要哪些培训？______

9. 你认为是否有必要对公司的中层经理进行管理知识培训？

A. 有　　B. 没有

10. 如果是技术认证培训，并且需要个人出资，你最大的承受能力是多少？

A. 100 元内　　B. 500 元内　　C. 1000 元内

D. 如果该项培训对自己很重要，还可以承担更多

11. 你认为在公司工作有没有发展前途？

A. 有　　B. 说不准　　C. 没有　　D. 其他：______

12. 除薪酬外，你最看重：

A. 提高自己能力的机会　　B. 好的工作环境

C. 和谐的人际关系　　D. 工作的成就感

13. 你认为目前最大的问题是：

A. 没有提高自己能力的机会　　B. 工作环境较差

C. 人际关系不太和谐　　D. 工作没有成就感

14. 你认为目前的工作：

A. 很合适，并且有信心、有能力做好

B. 是自己喜欢的工作，但自己的能力有所欠缺

C. 不是自己理想的工作，但自己能够做好

D. 不太适合，希望换一个岗位

15. 你的职业倾向：

A. 希望在目前这个方向一直干下去

B. 希望换一个方向

C. 没有想过

D. 根据环境的变化可以变化

16. 你认为公司环境卫生情况如何？

A. 很好　B. 良好　C. 一般　D. 较差　E. 很差

17. 你认为现行考勤制度是否合理？若不合理，讲明原因。

A. 合理　B. 不合理，原因：________________

18. 你认为当前的人事管理的最大问题在什么地方？

A. 招聘　B. 培训　C. 薪酬　D. 考评

第二部分　员工个人部分

1. 你认为公司目前的工作环境：

A. 很好　B. 较好　C. 一般　D. 较差　E. 很差

如果选 D 或 E，你希望哪方面有所改进：________________

2. 现在工作时间的安排是否合理？

A. 很合理　B. 较合理　C. 一般　D. 较不合理

E. 很不合理

如果选 D 或 E，你希望哪方面有所改进：________________

3. 你对工作紧迫性的感受如何？

A. 很紧迫　B. 较紧迫　C. 一般　D. 较轻松　E. 很轻松

如果选 A 或 B，你希望哪方面有所改进：________________

4. 你认为工作的挑战性如何？

A. 很有挑战性　B. 较有挑战性　C. 一般

D. 较无挑战性　E. 无挑战性

如果选 D 或 E，你希望哪方面有所改进：________________

5. 你认为自己的能力是否得到了充分发挥？

A. 已尽我所能　B. 未能完全发挥　C. 没感觉

D. 对我的能力有些埋没　E. 没有能让我施展的机会

如果选 D 或 E，你希望哪方面有所改进：________________

6. 你的工作是否得到了领导及同事的认可？

A. 非常认可　B. 较认可　C. 一般　D. 较不认可

E. 非常不认可

如果选 D 或 E，你希望哪方面有所改进：________________

7. 你对目前的待遇是否满意？

A. 很满意　B. 较满意　C. 一般　D. 较不满意

E. 不满意

如果选 D 或 E，你希望哪方面有所改进：________________

8. 你与同事的工作关系是否融洽？

A. 很融洽　B. 较融洽　C. 一般　D. 较不融洽

E. 很不融洽

如果选 D 或 E，你希望哪方面有所改进：________________

9. 你与其他部门的合作是否融洽？

A. 很融洽　B. 较融洽　C. 一般　D. 较不融洽

E. 很不融洽

如果选 D 或 E，你希望哪方面有所改进：________________

10. 你是否受多重领导？

A. 经常是　B. 偶尔　C. 从来没有

如果选 A，你希望哪方面有所改进：________________

11. 工作职责是否明确？

A. 是　B. 不是

如果选 B，你希望哪方面有所改进：________________

12. 你对哪层领导寄予希望？

A. 直接上级　B. 主管经理　C. 总经理

13. 你认为公司的主要优势是什么？

A. 技术　B. 市场　C. 管理

请简述理由：________________

14. 你认为公司的主要问题是什么？

A. 技术　　　B. 市场　　　C. 管理

请简述理由：________________

15. 你希望公司用什么样的方式奖励你的出色表现（请概述）：________________

____

16. 你对公司的其他建议（请概述）：________________

____

第 7 章

员工奖惩、升职与辞退

7.1 员工奖惩条件参照表

公司员工有下列情形之一的，应由直接主管或人事部门予以奖励：
1. 对本公司业务有特殊功绩或贡献，有利计划经采纳施行有效的；
2. 对于舞弊或有危害本公司权益之事，能事先发现或防止，而使公司减少或免受损失的；
3. 遇突发事件，临机应对措施得当或奋勇救护保全公物或人命的；
4. 研究改善工作进度，有成效的；
5. 节省原料、物料或利用废料有显著成果的；
6. 领导有方，使业务发展而有相当收获的；
7. 才能卓越、成绩优异而且能够胜任现职以上职务的；
8. 认真勤劳，努力工作而成绩优越的；
9. 其他应予奖励的情况。
公司员工具有下列情形之一的，应由直接主管或人事部门酌情惩处：
1. 有渎职、失职或对问题失察的；
2. 泄露公务机密或谎报事实的；
3. 故意因过失浪费、损害公物的；
4. 品行不端或行为粗暴、屡教不改的；
5. 在工作场所内斗殴或男女嬉戏，行为不检点的；
6. 扰乱秩序，侮辱同事或妨碍他人工作的；
7. 遇突发事件故意逃避的；
8. 工作时间有现场睡眠，偷闲怠工或擅离职守的；
9. 在工作场所干私活的；
10. 违反公司各项规章制度或命令的；
11. 托人签到、打卡或代人签到、打卡的；
12. 其他应予惩处的事项。

7.2 员工过失单

<table>
<tr><td>姓名</td><td></td><td>员工号</td><td></td><td>部门</td><td></td><td>职务</td><td></td></tr>
<tr><td colspan="2">过失性质</td><td colspan="3">违纪过失□</td><td colspan="3">责任过失□</td></tr>
<tr><td colspan="2">过失时间地点</td><td colspan="6"></td></tr>
<tr><td colspan="2">过失描述</td><td colspan="6"></td></tr>
<tr><td colspan="2" rowspan="2">惩戒意见</td><td colspan="6">经济：罚款　　元；扣工资　　元；扣奖金　　元</td></tr>
<tr><td colspan="6">行政：警告□　记过□　记大过□　辞退□　开除□</td></tr>
<tr><td colspan="8">补充处分：</td></tr>
<tr><td colspan="4">本过失单已送达受处分人</td><td colspan="4">受处分人/日期</td></tr>
<tr><td colspan="4">批准</td><td colspan="4">提出人/日期</td></tr>
<tr><td colspan="4">本部门负责人：</td><td colspan="4">签字/日期</td></tr>
<tr><td colspan="4">上级部门负责人：</td><td colspan="4">签字/日期</td></tr>
<tr><td colspan="4">人力资源部经理：</td><td colspan="4">签字/日期</td></tr>
<tr><td colspan="4">总经理：</td><td colspan="4">签字/日期</td></tr>
<tr><td colspan="4">处分执行情况：</td><td colspan="4">经办人/日期</td></tr>
</table>

7.3 员工纪律处分通知书

编号：________　　　　　　　　　　　　　　日期：________

姓名		所属部门		职位	

所犯过失

□擅自旷工

□屡次迟到

□工作时瞌睡

□故意不服从上级或拒绝接受正当命令

□故意不以适当方法工作

□屡次逃避工作

□工作时在公司赌博

□行为不检点

处分：

□谴责

□停职

年　　月　　日至　　年　　月　　日共________日

撤职生效日期：

________年____月____日

备注	

7.4　员工调整管理条例

总则

第 1 条　为了促进本公司的稳定发展，充分发挥员工能力，并本着人与工作互相适应的原则，合理进行人力资源的分配，特制定本规定。

第 2 条　员工的升、降、调、辞、退必须本着客观公正的原则慎重处理。凡属关键工作或职务的任职人员变换，需进行严格审查，宁缺毋滥。

第 3 条　人员调整必须以考核为依据，以任职资格为标准，兼顾个人发展潜能和现任职务。

第 4 条　人事调整包括升任、降任、调任、免职、离退休、辞聘、辞退、停薪留职等内容。

第 5 条　人事调整管理权限依公司相关规定和公司其他有关规定办理。

任免规定

第 6 条　为创造一种奋发向上的公司气氛，本公司特设立自我申报制度。申报人应根据自己的能力专长，本着为公司和个人负责的精神填写《员工自我申报表》。经人事部会同该员工所在部门主管领导共同考查合格者，列入备选人员档案，以便在适当的时机选任。

第 7 条　凡升任、调任、降任员工，均由相应部门的主管领导提名，报人事部。由人事部按权限规定呈送审核人。

第 8 条　凡呈报升任、调任、降任要求的部门，应配齐以下材料：

①拟定调整的职务或工作；

②员工绩效考核表；

③主管领导对其所做的全面鉴定；

④具有说服力的事例；

⑤其他有关材料。

第 9 条 凡由上级授意调整的人员，所在部门主管领导应按本规定第 8 条配齐材料。

第 10 条 高级员工的任职通知由总裁签发，人事部负责通报有关部门。高层以下员工的任职通知书由人事部与有关单位主管领导共同签发。

第 11 条 因职务变换或因重大失误需免去原任职务的高级员工，由总裁签发免职通知书，并由人事部向公司有关部门通报。高层以下员工由人事部与有关部门主管领导共同签发免职通知书。

第 12 条 凡接到任免通知书的员工，限 1 周内交接好工作，到人事部办理任免手续。

辞聘、辞退的规定

第 13 条 员工的辞聘、辞退管理，以本公司相关规定办理。

第 14 条 在以下情况下，公司员工可能资遣：

①歇业或转让时；

②公司亏损业务紧缩时；

③因不可抗拒的原因停业 1 个月以上；

④业务性质变革而原有员工无法适应时；

⑤其他特殊原因。

第 15 条 员工自收到资遣通知之日起，1 周内办妥离职手续，并领取资遣费。若自接到资遣通知 30 日内未办理离职手续者，不再发放资遣费，按辞退处理。

第 16 条 员工资遣的先后顺序为：

①在职期间曾受惩处的；

②工作绩效不如他人的；

③本公司工龄短于他人的；

④职务等级低于他人的。

第 17 条 资遣费发放标准按以下规定办理：

①有效工作时间不足 1 年者，发放 1 个月基本工资的资遣费；

②有效工作时间 1 年以上不足 3 年的，发放 3 个月基本工资的资遣费；

③有效工作时间 3 年以上者，每增加 1 年，增发半个月的资遣费，但最多不超过 6 个月的基本工资。

第 18 条 凡本公司资遣员工再遇公司招聘时，可考虑优先录用，本企业工龄可连续计算。若再遇资遣时，只按续任时间长短来发放资遣费。

停薪留职规定

第 19 条 凡属下列情况之一者，办理停薪留职手续：

①久病不愈超过 1 个月者；

②因特殊情况暂不能供职者。

第 20 条 凡属第 19 条第 1 款情况的，由部门主管申报，经人事部核准后呈送本人。

第 21 条 凡属第 19 条第 2 款情况的，由员工个人申报，经部门主管批准后，报人力资源部核准后呈送本人。

第 22 条 停薪留职以____年为限，如需要延长，需经公司最高行政领导批准。

第 23 条 凡停薪留职期满的仍不能供职，按辞退办理。

第 24 条 员工在停薪留职期间擅就他职或有收入者，一经核实，予以除名。

第 25 条 凡停薪留职人员，公司概不保留原任职位，申请复职时若无相应职位空缺或已无需要时，不待复职。若停薪留职期满仍不待复职者，按辞退处理。

第 26 条 凡停薪留职员工要求复职时，需经人力资源部和原任部门主管领导核准后，办理复职手续。

离退休管理规定

第 27 条　凡符合国家离退休规定的员工，按国家和地方有关政策法规办理离退休手续。

第 28 条　本公司高级员工的离退休年限可适当延长，但需经公司总裁批准。

第 29 条　凡属下列情况的离退休员工，除依法领取由保险公司核发的养老金外，还可享受公司的养老补助金。

①在本公司连续工作 10 年以上的普通员工；

②在本公司连续供职的高级职工；

③凡对公司有特殊重大贡献的所有员工。

第 30 条　由本公司核发的养老补助金额和发放期间长短的具体标准，视公司经济情况而定，并由公司保险福利基金中列支。本文件暂不规定。

第 31 条　凡符合离退休条件的员工，均需在实足年龄到期前 1 个月，经人事部审核呈交主管人事的副总裁（或副总经理）核准。

第 32 条　申请退休的员工在接到通知后 1 周内前往人事部办理离退休手续。

第 33 条　凡是在聘用合同未到期前符合国家规定离退休年龄的员工，据合同年龄实足之日起终止。

第 34 条　凡此规定未尽事项，参照其他有关文件执行。

第 35 条　本规定自批准之日起生效。

7.5 员工晋升制度

第 1 条 为鼓励员工积极向上、多做贡献及奖励先进、选拔贤能，特制定本制度。

第 2 条 本制度所指的晋升，是指公司对符合晋升条件的员工给予工资的晋级或职务的升迁。

第 3 条 公司员工工作努力、业绩突出者，均可成为被晋升的对象。对员工的晋升应当严格要求，公平对待。

第 4 条 凡具备下列条件之一者，都予晋升工资一级：

（1）忠于公司，在公司效力 5 年以上且表现良好者；

（2）积极做好本职工作，连续 3 年成绩突出受到公司表彰者；

（3）业务有突出专长，个人年创利 100 万元以上者；

（4）连续数次对公司发展提出重大建议为公司采纳，并产生重大经济效益者；

（5）非本人责任而为公司挽回经济损失 30 万元以上者；

（6）领导有方，所管理的单位连续 2 年创利 200 万元以上或成绩显著者；

（7）领导亏损单位扭亏为盈，经营管理有方者；

（8）有其他突出贡献，董事会或总经理认为该给予晋级嘉奖者。

对成绩特别突出或贡献特别重大者，可给予晋升二级；同时具备领导才能者，可给予提升行政职务一级。

第 5 条 晋升程序如下：

（1）员工推荐、本人自荐或单位提名；

（2）监察委员会或监察部会同人事部审核；

（3）董事会或总经理批准。

其中，属董事会聘任的员工，其晋升由监察委员会审核，总经理提名董事会批准；属总经理聘任的员工，其晋升由监察部审核，劳动人事部提名，总经理批准。

第 6 条 晋升名单由董事会或总经理发布，公开表彰。

第 7 条 晋升手续由劳动人事部负责办理。

7.6 员工升职推荐表

年　月　日

<table>
<tr><td>被推荐人姓名</td><td></td><td>性别</td><td></td><td>年龄</td><td></td></tr>
<tr><td>加入公司时间</td><td></td><td>文化程度</td><td></td><td>专业</td><td></td></tr>
<tr><td>毕业学校</td><td colspan="2"></td><td>毕业时间</td><td colspan="2"></td></tr>
<tr><td>现任部门、职位</td><td colspan="2"></td><td colspan="2">拟推荐部门、职位</td><td></td></tr>
<tr><td>工作经历
（本人填写）</td><td colspan="5">（请从您最后毕业时间起开始填写。此处如填写不下，请另附说明）</td></tr>
<tr><td>工作业绩及
自我评价
（本人填写）</td><td colspan="5">（请重点填写您在本公司的工作业绩。此处如填写不下，请另附说明）</td></tr>
<tr><td>部门负责人意见</td><td colspan="5">（推荐意见包括：对该员工工作表现的基本评价；职业素质、工作能力、工作态度、就任新职位的潜力等；该员工对新岗位的工作意愿）
签字：　　年　月　日</td></tr>
<tr><td colspan="6">以下内容由人力资源部、公司领导填写：</td></tr>
<tr><td>人力资源部
意见</td><td colspan="5">（是否符合岗位基本要求以及以往的绩效考核情况）
签字：　　年　月　日</td></tr>
<tr><td>总经理意见</td><td colspan="5">签字：　　年　月　日</td></tr>
</table>

7.7 员工岗位变动通知书

<table>
<tr><td>姓名</td><td></td><td>性别</td><td colspan="2"></td></tr>
<tr><td>入公司日期</td><td colspan="4">________年________月________日</td></tr>
<tr><td>生效日期</td><td colspan="4">________年________月________日</td></tr>
<tr><td colspan="5">调动原因：</td></tr>
<tr><td colspan="5">□新上任 □升职 □薪金调整 □完成试用期 □辞职 □内部调整 □延长试用期
□合约终止 □解雇</td></tr>
<tr><td>基本情况</td><td>由</td><td colspan="2">去</td><td>备注</td></tr>
<tr><td>部门</td><td></td><td colspan="2"></td><td></td></tr>
<tr><td>职位</td><td></td><td colspan="2"></td><td></td></tr>
<tr><td>等级</td><td></td><td colspan="2"></td><td></td></tr>
<tr><td>员工证号</td><td></td><td colspan="2"></td><td></td></tr>
<tr><td>薪金</td><td></td><td colspan="2"></td><td>额外薪金：
扣除薪金：</td></tr>
<tr><td colspan="5">最后工作日：________年________月________日

员工姓名：__________ 最后工作日：________年________月________日</td></tr>
<tr><td colspan="2">部门主管意见

签字</td><td colspan="2">人力资源总监意见

签字</td><td>总经理意见

签字</td></tr>
</table>

年 月 日

7.8 各部门人事变动报表

年　　月

部门		编制人数		现有人数		备注	
新聘人数		辞职人数		内部调入人数		调入其他部门人数	

新聘		辞职		内部调入			调入其他部门		
姓名	岗位	姓名	原岗位	姓名	原岗位	现在岗位	姓名	原岗位	现岗位

填表人：　　　　　　日期：　　　　　　审核人：　　　　　　日期：

7.9 员工辞职原因说明书

<table>
<tr><td>所属部门</td><td></td><td colspan="2">姓名</td><td colspan="2"></td><td>备注</td></tr>
<tr><td rowspan="5">离职日期</td><td rowspan="5">年 月 日</td><td rowspan="9">离职原因</td><td rowspan="5">主动离职</td><td>体弱多病</td><td></td><td></td></tr>
<tr><td>另有他就</td><td></td><td></td></tr>
<tr><td>志趣不合</td><td></td><td></td></tr>
<tr><td>要服兵役</td><td></td><td></td></tr>
<tr><td>其他</td><td></td><td></td></tr>
<tr><td rowspan="4">在公司服务年限</td><td rowspan="4">由 年 月 日起
至 年 月 日止
共 年 月 日</td><td rowspan="4">被动解职</td><td>开除</td><td></td><td></td></tr>
<tr><td>使用不合格辞退</td><td></td><td></td></tr>
<tr><td>解雇</td><td></td><td></td></tr>
<tr><td>其他</td><td></td><td></td></tr>
</table>

<table>
<tr><td>核准人</td><td colspan="3">会计部</td><td colspan="3">总务部</td><td colspan="2">本部门主管</td><td>填单人</td></tr>
<tr><td rowspan="2"></td><td>工资</td><td>借支</td><td>伙食</td><td>缴回</td><td>退伙</td><td>记事</td><td>业务</td><td>借物</td><td rowspan="2"></td></tr>
<tr><td></td><td></td><td></td><td></td><td></td><td></td><td></td><td></td></tr>
</table>

本表用于记录员工的辞职原因。其原因包括体弱多病、另有他就、志趣不合、服兵役等而主动离职，也有开除，使用不合格辞退等而被动解职。

7.10 员工离职通知书

<table>
<tr><td>服务单位</td><td colspan="2"></td><td>职称</td><td></td><td>姓名</td><td colspan="2"></td></tr>
<tr><td>到期日期</td><td colspan="3">年 月 日</td><td>离职日期</td><td colspan="3">年 月 日</td></tr>
<tr><td colspan="8">离职原因</td></tr>
<tr><td colspan="4">自动</td><td colspan="4">被动</td></tr>
<tr><td>体弱多病</td><td></td><td>要服兵役</td><td></td><td>开除</td><td></td><td>解雇</td><td></td></tr>
<tr><td>另有他就</td><td></td><td>其他</td><td></td><td>试用不合格辞退</td><td></td><td>其他</td><td></td></tr>
<tr><td colspan="8">物品交还或应扣款</td></tr>
<tr><td>单位</td><td>应办事项</td><td>已收还或应扣金额</td><td>应办事项</td><td>已收还或应扣金额</td><td>接收人或经管人</td><td>备注</td></tr>
<tr><td>服务单位</td><td>移交清楚</td><td></td><td>未了事项已交代清楚</td><td></td><td></td><td></td></tr>
<tr><td rowspan="3">总务单位</td><td>服装</td><td></td><td>伙食</td><td></td><td></td><td></td></tr>
<tr><td>福利借款</td><td></td><td>家具或文具</td><td></td><td></td><td></td></tr>
<tr><td>其他扣款</td><td></td><td></td><td></td><td></td><td></td></tr>
<tr><td>人事单位</td><td>工作名称</td><td></td><td>劳保费</td><td></td><td></td><td></td></tr>
<tr><td>财务单位</td><td>款项未清</td><td></td><td>月中借支</td><td></td><td></td><td></td></tr>
<tr><td>核定</td><td colspan="3"></td><td colspan="3">人事单位：</td></tr>
<tr><td colspan="4">单位主管：</td><td colspan="3">离职人：
年 月 日</td></tr>
</table>

本表用于通知员工离职。在员工离职时，须到各部门办清各项手续。

7.11 员工离职手续清单

申请日期：　　　年　　月　　日

<table>
<tr><td>离职人姓名</td><td></td><td>性别</td><td></td><td>工号</td><td></td></tr>
<tr><td rowspan="2">所在部门</td><td rowspan="2"></td><td rowspan="2">一级部门</td><td rowspan="2"></td><td>批准离职文号</td><td></td></tr>
<tr><td>批准日期</td><td></td></tr>
<tr><td rowspan="3">工作移交情况审核</td><td colspan="5">工作移交结果：（工作内容、文档、客户关系）

所在部门主管：</td></tr>
<tr><td colspan="5">移交结果审核：
有否正式交接记录：□有　□否

管理部负责人：</td></tr>
<tr><td colspan="5">移交结果确认：
是否需要离任审计：□是　□否
若需要离任审计请注明担保股金比例　□10%　□20%　□30%
二级人力资源委员会：</td></tr>
<tr><td>审计结果</td><td colspan="5"></td></tr>
<tr><td>考勤状况</td><td colspan="5"></td></tr>
<tr><td>还卡情况</td><td colspan="5"></td></tr>
</table>

部门考勤员：　　　　　　　　　　　　一级部门考勤员：

7.12 员工离职结算单

姓名	部门	员工号	职务/工种	入公司日期	备注
事由	合同到期□ 辞职□ 辞退□ 开除□				
会计部	□欠款清理 □财务清算 经理：__________ 日期：__________				
人力资源部	□合同解除 □培训金签退 □档案调出 □保险手续 □工资发放 □员工手册 经理：__________ 日期：__________				
本部门	□借用图书 □文件资料 □办公室钥匙 □办公用品 部门负责人：__________ 交 接 人：__________ 日 期：__________				
总务部	□门卡 □工作服 经理：__________ 日期：__________				
离职本人	我确认上述手续已全部完成，从此解除我与______有限公司的劳动服务关系。 签字：__________ 日期：__________				

注：本单一式两份，离职者与公司人力资源部各执一份。

第8章

员工薪酬与福利管理

8.1 薪资管理规定

第1条 本公司依据劳资兼顾、互利互惠原则，为给予员工合理的待遇，特制定本章程。

第2条 员工薪资采用月给制，当月薪资于次月5日发放（如逢节假日提前一日发给）。

新进人员于报到日起薪，25日以后到职者，当月薪资并于次月发放。

第3条 新进人员本薪由总经理依员工的学历、经历、职务核定职等及薪级。

第4条 新进人员工作不满3天者，薪资不发。

第5条 薪资项目分为：

（1）津贴：

①伙食津贴：员工餐费每人每月______元；

②主管津贴：企管人员依不同职务，给予不同津贴；

③生活津贴：
- 为配合经济发展、物价上涨与安定员工生活所给予的津贴；
- 每年4月份经总经理核定调整一次；
- 调整依据：依个人绩效与贡献大小。

（2）本薪：

①依“职务评价”规定给付范围，并在此范围内再依学历、年资、能力、绩效等核给固定薪资；

②本薪于每年10月调整一次；

③调整依据：依个人绩效与贡献程度；

（3）奖金：

①全勤奖金：
- 为鼓励员工敬业精神而设；
- 每月无事假、病假、旷职、迟到、早退记录者，每人当月发给______元；

- 婚、丧、产假、工伤病假，每月于 5 天内者照发；

②年终奖金：
- 计算基础：本薪；
- 发放时间：于春节前 2 天发放；
- 发放标准：由总经理核定发放金额，服务年资不满 1 年者，依年资比例计算；不满半个月以半个月计；超过半个月，不满 1 个月者，以 1 个月计；
- 奖惩：年度平均考绩列入 A 等者，加发 1 个月年终奖金的 25%，但人数不得超过该考核人数的 15%；年度平均考绩列入 D 等者，减发一个月年终奖金的 10%，但不得超过该考核人数的 10%；
- 营业状况及获利率很高或很差时，得经总经理核准加发或减发年终奖金。

第 6 条 薪资调整：

（1）本薪及生活津贴的调整依据个人绩效；

（2）本薪调整幅度：A 等加薪级四级，B 等加薪级三级，C 等加薪级二级，D 等加薪级一级；

（3）生活津贴的调整幅度：由总经理依据员工的考核成绩、职务、工作年资及公司经营状况分别核定金额；

（4）公司营业状况特差时，得酌情降低调薪额度，或暂不调整；

（5）调整金额人数比例：A 等，20%；B、C 等，70%；D 等，10%；

8.2 工资标准及发放办法

总则

第 1 条 为了调动职员工作积极性，创造最佳社会效益和经济效益，特制定本办法。

第 2 条 公司实行效益工资制。公司职员根据全方位规范管理目标的实现情况限额递增或递减标准效益工资。

第 3 条 公司职员工资随着公司发展和经济效益的提高逐步增加。

第 4 条 公司正式录用专职职员、兼职职员、特邀职员和顾问在应聘期间的工资发放适用本办法。

工资总额构成

第 5 条 工资总额是指公司在一定时期内直接支付给职员的劳动报酬总额。

工资总额的计算应以直接支付给职员的全部劳动报酬为依据。

第 6 条 工资总额由下列六个部分组成：

（1）基本工资；

（2）奖金；

（3）津贴和补贴；

（4）加班工资；

（5）特殊情况下支付的工资。

第 7 条 基本工资是指按计时工资标准和工作时间支付给职员的劳动报酬，包括：

（1）对已做工作按计时工资标准支付的工资；

（2）效益工资制情况下支付给职员的基础效益工资和岗位工资；

（3）新聘职员试用期间的见习工资。

第 8 条 奖金是指支付给职员完成任务或超额完成任务或创收节支的劳动报酬，包括：任务（定额）奖、超额奖、节约奖、创收奖、管理奖、劳动竞赛奖、其他奖金。

第 9 条 津贴和补贴是为了补偿员工特殊或额外的劳动消耗和因其他特殊原因支付给员工的津贴，以及为了保证员工工资水平不受物价影响支付给员工的物价补贴，包括：

（1）津贴包括补偿职员特殊或额外劳动消耗的津贴、保健性津贴、技术性津贴、年功性津贴及其他津贴；

（2）物价补贴包括为保证职员工资水平不受物价上涨或变动而支付的各种补贴。

第 10 条 加班工资是指劳动者按照用人单位生产和工作的需要在规定工作时间之外继续生产劳动或者工作所获得的劳动报酬。

第 11 条 特殊情况下支付的工资包括：

（1）根据国家法律、法规和政策规定或公司规定，因病、工伤、产假、婚丧假、定期休假、停工学习等原因按计时工资标准或计时工资标准一定比例支付的工资；

（2）附加工资、保留工资。

第 12 条 工资总额不包括下列项目：

（1）在国家有关部门或公司取得的创造发明奖、自然科学奖、科学技术进步奖、合理化建议奖、技术改进奖及为公司引进资金、人才、信息、技术、产品奖和卓越贡献奖；

（2）职员保险和福利方面的各种费用；

（3）劳动保护的各项支出；

（4）稿费、授课费、校对费及其他劳务性报酬；

（5）出差伙食补助费、午餐补助费；

（6）职员包干完成工作任务的风险性补偿收入；

（7）因录用职员向有关单位支付的手续费、管理费、停薪留职费；

（8）其他认定不应包括的事项。

工资级别和工资标准

第 13 条 公司将职员分为高级、中级、一般三类，工资级别定为五个档。

第 14 条 公司职员分为下列三类：

（1）高级职员：总经理、副总经理；

（2）中级职员：主管经理、总经理助理、总经理秘书、总会计师、主编、各部室主任；

（3）一般职员：主任助理、秘书、会计、审计、出纳、保管、公务、编辑、信息员、发行策划、公关策划、培训管理、电脑操作员等。

第 15 条 公司职员的工资级别如下：

（1）高级职员分为一级、二级。

一级：总经理；二级：副总经理。

（2）中级职员分为三级、四级。

三级：主管经理、总经理助理、总经理秘书、主编；四级：会计师、各（部）室主任。

（3）一般职员为五级。

五级：一般职员，包括第 14 条第（3）款规定的所有职员。

第 16 条 公司职员的标准月薪包括下列项目：

（1）基本工资；（2）奖励工资（完成方案责任指标后核发的工资）；（3）各种津贴和补贴；（4）经认可的其他项目。

第 17 条 公司职员的标准月薪不包括下列项目：

（1）奖金；（2）加班工资；（3）特殊情况下支付的工资；（4）本办法第 12 条规定的项目。

第 18 条 公司顾问、兼职职员、特邀职员不享受本办法第 16 条规定的工资标准。

第 19 条 公司聘请的顾问实行结构工资制，包括基础工资和岗位工资。

第 20 条 公司兼职人员、特邀职员实行计件或计时工资制，具体标准由兼职人员和特邀职员管理部门制定。

工资及非工资收入的评定

第 21 条 享受效益工资的公司职员由部门主管根据公司管理目标逐级评定。公司副总经理的工资由总经理评定，主管经理、总经理秘书、总经理助理、总会计师、各部室主任的工资由主管副总经理评定，一般职员的工资由各部室主任评定。

第 22 条 公司职员效益工资的评定依据为：

（1）任务占工资标准的 30%，其中定额为 15%，质量为 15%；

（2）效益占工资标准的 50%，其中利润为 40%，创收为 5%，节约为 5%；

（3）管理占工资标准的 20%，其中出勤为 7%，制度执行情况为 6%，卫生与安全为 2%，纪律为 3%，综合考评为 2%。

第 23 条 公司职员效益工资的核发办法如下：

（1）享受效益工资的公司职员，从效益工资实行之日起，月发效益工资标准的 50%；年终核定指标后，达标者一次补清；

（2）享受效益工资的公司职员，年终核定本部门未达标时，按未完成指标的比例递减标准效益工资；

（3）已享受效益工资的职员，经定期考核发现其完成的指标低于当月指标的 50% 以下时，按效益工资标准的 20% 发放；

（4）已享受效益工资的职员 3 个月均未能完成核定指标时，停发标准效益工资。

第 24 条 公司职员年终奖励工资和奖金采取与核发工资比值等同比例的办法评定发放，也就是说公司职员每年平均月薪收入比例即为公司职员年终奖励工资和奖金比例，计算方法为：$\frac{\text{年平均月薪收入}}{\text{标准月薪的 }50\%}\times 100\%$ = 奖励工资比例或奖金比例。

第 25 条 公司对按期完成责任指标、超额完成责任指标、创收节约者的奖金评定按照公司有关规定执行。

第26条 公司的奖金评定以公司或部门核定责任指标的完成情况为依据，出现下列情况之一的，公司职员不得享受奖金：

（1）公司或部门没有按核定的方案实现其利润指标，而且创收和节约等实际收入又不能补足利润指标的；

（2）公司或部门的创收和节约指标均低于核定方案的30%以下的；

（3）公司或部门管理指标低于核定方案的50%以下的；

（4）公司或部门在实施方案中出现一次以上责任事故以致严重社会影响和重大经济损失的；

（5）总经理办公室认定其他不应当享受奖金原因的。

第27条 公司高级职员的奖金从公司核定方案实施后的效益指标中提取。奖金数额一般不得超过效益指标的3%。

第28条 公司中级职员的奖金数额根据下列情况确定：

（1）能够按期完成责任指标的部门，该部门负责人有权取得高于本部职员平均奖金收入2倍的奖金数额；

（2）能够超额完成责任指标的，该部门负责人有权取得高于本部门职员平均奖金收入3倍的奖金数额；

（3）超额完成效益指标，超过该部门核定方案效益指标的30%以上的，该部门负责人有权取得高于本部门职员平均奖金收入4倍的奖金数额；

（4）部门负责人完成上述1、2、3项，并且本人为公司做出卓越贡献，或本人创收超过10万元的，部门负责人有权取得高于本部门职员平均奖金收入5倍的奖金数额。

（5）是否为卓越贡献由总经理办公室评定。

第29条 公司职员非工资收入的评定按公司制定的有关规定执行。公司没有明文规定的，由总经理办公会或总经理办公室评定。

核发程序

第30条 公司总经理办公室财务部是发放工资及非工资收入的唯一合

法机构。财务人员根据总经理签批的工资表及领款单发放。其他部门无权发放工资及非工资性收入。

第 31 条 公司职员工资表由各部门主管依据本办法第 24 条规定和其他规章制度，按月分部门逐级编制。编制工资表必须做到：内容具体有依据，项目齐全有事实，全额准确无差错，字迹清楚无涂改。编制工资表必须使用碳素墨水钢笔或签字笔。

第 32 条 部门编制的工资表经复查无误，由部门主管和编制人签名盖章后交总经理办公室。总经理办公室会同财务人员对各部门提交的工资表逐一审核。认定内容、项目、金额等准确无误后，由审核人员签字盖章，送交总经理批准。

第 33 条 总经理办公室在审核中，发现部门编制的工资表有误，应及时指出并退回有关部门重新编制，并限定编制时间。审核中对某些问题或事项有争议的，报主管副总经理或总经理认定。

第 34 条 公司财务人员依据总经理批准的工资表，及时提款，按时发放工资。

第 35 条 非工资性收入的发放由公司职员填写领款单，部门主管批准并签字，财务人员审核并送总经理签批。非工资性收入由财务部门定期或不定期发放。

第 36 条 公司职员的奖励工资和奖金年终经核定部门审核，并办理奖金领款单和编制奖励工资表等手续后，经总经理办公室审核，送总经理签批。奖励工资和奖金由财务部门在年终指定时间一次性发放。

附 则

第 37 条 本办法在实施中可根据具体情况制定实施细则，或提出修正意见提交总经理办公室予以修正。

第 38 条 本办法的解释权归总经理办公室。

第 39 条 本办法从发布之日起施行。

8.3 职能工资支付规定

第1条　目的

为确定职能工资的管理方法，特制定本规定。

第2条　定义

本规定中的职能工资，是指根据个人的职务及能力而确定的基本工资。

第3条　分类

职能工资按下列职务分类：

（1）管理职务；

（2）事务、技术职务；

（3）技能职务。

第4条　管理职务

担任管理职务者是指较大组织的负责人或担任同等程度的职务，参与经营管理，并在较广的范围内负有责任者。

第5条　事务、技术职务

事务、技术职务的担当者主要是指从事事务性或技术性工作的人员，包括较小组织的管理人员。

第6条　技能职务

技能职务的担当者是指在作业现场直接或间接从事操作的人员，包括班组负责人。

第7条　职能等级

职能等级按不同职务分别确定。管理职务分为三等，事务、技术以及技能职务均分为八等，每等均再分为五级。

第8条　职能等级的评定

职能等级按下列原则评定：

（1）所担任工作的重要性；

（2）知识及经验；

（3）工作能力及指导能力。

第 9 条 等级标准

在上一条中所述的等级评定的具体标准，视各企业具体情况而定。

第 10 条 职能工资的金额

职能工资的金额由各企业自行确定。

第 11 条 提级和提薪

职能等级的提级和提薪，每年一次，在____月进行。但当其所担任的职务发生变动时，亦可临时进行职能评审。

附 则

第 12 条 本规定从______年____月____日起实施。

8.4 销售人员工资管理办法

第1条 本公司根据各销售员的营业能力、工作实绩、出勤状况、劳动态度等要素将销售人员划分为一级、二级、三级三个等级。等级划分首先由主管科长考核再报呈公司经理确定。上述各级别的标准是：

（1）一级：能够协助上级工作，对其他职员能起到指导、监督作用的，具备优秀品格的模范职员。一级销售人员要有两年以上从事销售工作的经历，并且在近半年的销售工作中取得了优异成绩。

（2）二级：有半年以上销售工作经历，工作努力，经验丰富，勇于承担责任的中坚职员。曾由于不当行为损害社会利益者，不能定为二级。

（3）三级：经过短期培训的其他职员。

第2条 职员工资为月工资制，由基本工资和津贴构成。

第3条 基本工资实行职务等级工资制。

第4条 工资等级的确定和升降，根据考核的结果，在每年2月、5月、8月、11月进行。对业绩低下者，要适当降级。

第5条 津贴分为家庭津贴和销售津贴两类。

（1）家庭津贴的分付标准：抚养人口仅一人者给××元，有两人以上则每增加一人增加××元，最多支付到四口人。

（2）销售津贴以班组长为对象，根据本公司考核办法，用下述方法支付：

①对突破销售目标的班组长，每得一分增加××元；

②不属于上述情况的班组长，每得一分增加××元；

③具体支付时间确定在次月工资发放日。

销售职员每人每月付给××元销售津贴。凡旷工1日或迟到早退3次以上者，不发给津贴。家庭津贴和班组长销售津贴，如果是由于生病或其他难以避免的原因造成迟到、早退或旷工，经过上级主管批准，可以照常发放。

第6条 各项工资的支付时间和方法如下：

(1) 工资的计算截止到每月 20 日，25 日发放。发放日为节假日时，改为前 1 日或次日发放；

(2) 月中进入公司者和中途离职、复职的职工，按实际工作日对月标准工作日所占比例计算。每月计算基准日定为 30 日；

(3) 工作实绩不佳或出勤状态差的职员，最多发给基本工资的 90%。

第 7 条 有关销售分数的计算和离、退休人员的报酬，另作规定。

8.5 奖金管理办法

通　则

目的

第 1 条　本公司按本规定向员工支付奖金。但是，由本规定所确定的支付率、支付额是公司处于正常经营状况下的支付率、支付额。如果公司的经营出现了重大的障碍，或者取得了辉煌的成就，则根据董事们的决定，可以做出适当的减增。

奖金的种类

第 2 条　奖金有定额奖金和考查所定的奖金两种，其支付时间，有 7 月上旬和 12 月中旬两次。

奖金的支付对象

第 3 条　上一期奖金的支付，以 5 月底公司在册人员为支付对象；下一期奖金的支付，由 11 月底公司在册人员为支付对象。不管哪一期奖金支付对象，都须连续工作 6 个月。

第 4 条　奖金的考查：由总经理任命的考查委员会确定考查办法，由考查委员依据这一办法进行采分，最后由总经理、人事部门考虑各种因素和情况后，在调整的基础上确定。

奖金的削减

第 5 条　凡有下述情况者，应该削减一部分或者全部奖金。

（1）有不正当或不妥当的行为；

（2）扰乱公司内部秩序；

（3）对抗上级，不服从命令；

（4）明显地不负责任，工作拖沓。

定额资金

定额奖金的支付

第 6 条　定额奖金原则上可以对长期缺勤和正在长期休假的员工发放。

但是，经考查而定的奖金，原则上不对这些员工发放。

定额奖金的标准支付率

第 7 条 定额奖金每年按每人 1 个月基本工资的标准水平支付，分 7 月和 12 月两次给付，每次按一半给付。

据考查所定的奖金

考查所定奖金的支付

第 8 条 考查所定奖金经对各人工作成绩、业务成绩考查、评分而决定，分 7 月和 12 月两次，和定额奖金一并支付。

支付金额以每年 1 个月的基本工资为标准。

支付方法为：把所采分数和月基本工资的半数相乘，算出支付金额。

在前面所定的计算办法中，以 10 分为标准。

依成绩所定奖金的考查

第 9 条 依成绩所定奖金的采分，以各人工作态度和成绩进步的实际状况为基础，由各考查委员考察、采分，经总经理和人事部门负责人仔细考虑后算出平均分数。

考查分数

第 10 条 各人考查的分数，通常以一般情况定为 10 分，以 20 分和 5 分定为最高分和最低分，在这个范围内采分。

工作态度的考查

第 11 条 工作态度是否良好，其判断以下列情况为基础，并据此采分：

（1）对自己所做的工作，总是积极地创新，肯下功夫；

（2）工作责任心强，必要时还加班加点，恪尽职责；

（3）工作全力以赴，且表里一致，自觉性强；

（4）对上级指示坚决执行，对下级指导、监督认真负责；

（5）和同事保持良好的关系，对顾客、同行、承包商公平诚恳，使公司保持良好的形象，具有很高的信誉。

成绩进步的考查

第 12 条　成绩进步的程度，根据下列考查标准采分：

（1）工程：

- 对工程项目进行有效的计划或做出改进，或者努力提高工程项目的收益；
- 注意材料、工具、机器损耗等工程费用的节约；
- 因为成绩突出，受到订货客户的信任；或者能够努力缩短工期，满足用户的急需而受到用户的赞誉；
- 对外的公共关系与内部的人际关系都处理得很好，工程的情况汇报也做得很好；
- 始终努力进行治安保卫、防火防盗等工作，作业场所的整理工作也很有成效。

（2）营业：

- 机智、灵敏地获取有利的工程情报，经常考虑如何采取适当的手段以更好地掌握这种情报；
- 为了开拓未来有前途的领域，经常采取有效的措施和活动；
- 在对外谈判时，能巧妙地运用谈判技巧，从而得到有利的订货，或者解决不利的问题；
- 能努力节约与营业有关的各项费用或开支；
- 始终在同客户、同行的交往中，维护公司的利益，使公司的信誉得到提高，在社会上保持良好的企业形象。

（3）事务：

- 在记账、计算、开票、出纳等事务的处理上，能够不出差错、不耽误时间、高效率地完成任务；
- 能够正确、高效地进行联系、传达、申请以及报告等事情的处理工作；
- 在工作繁忙或情况紧急的时刻，具有努力处理好此项工作的责任心和完全办妥此项工作的把握；

- 努力改进工作，取得优异的成绩；
- 节约备品备件、物资器材，致力于搞好物资的整理、整顿。

缺勤减分

第 13 条 在奖金考查时期，6 个月中缺勤在 6 天以上者，按缺勤 1 天扣 1 分的标准进行减分。迟到早退者，视情况予以减分。若系无故旷工，则每旷工 1 天减少 2 分。

例外处理

第 14 条 如果被考查者有特殊情况，尽管其存在上一条规定需要减分的问题，也应对考查委员的意见进行斟酌，进行个别处理。

特别奖金的支付

第 15 条 被考查者有特别的功劳或应予特别奖励的事由时，不管是否符合前面各项规定，都要对其支付特别奖金。

对负责人奖金的支付

第 16 条 对负责人支付奖金，要考察其履行负责人职责以及实际成绩，按其半月到 3 个月的职务津贴，决定并支付给其负责人奖金。

附　则

（试行时间）

第 17 条 本规定的试行期为 20 ______年到 20 ______年。在这段时间的试行中，如发现有不适当的地方，可以适当地做出修改。

公司成绩奖金采分表（工程）

被采分者姓名:________		时期	自 20 ____年____月____日 至 20 ____年____月____日	采分者:________
成绩进步的程度	采分	工作努力的程度	采分	特记事项
1. 对工程项目进行有效计划，做出改进，或者努力提高工程项目的收益		1. 对自己所做工作总是经常创新、肯下功夫		
2. 注意材料、工具、机器损耗等工程费用的节约		2. 工作责任心强，必要时还加班加点，以尽职责		

续表

3. 因为成绩突出,受到订货客户的信任;或者能够努力缩短工期,满足用户急需而受到用户赞誉		3. 工作全力以赴,且表里如一,自觉性强		
4. 对外的公共关系与内部人际关系都处理得很好		4. 对上级指示坚决执行,对下级指导、监督认真负责		
5. 治安保卫、防火防盗工作始终如一,作业场所的整理也卓有成效		5. 和同事关系良好,对顾客、同行、承包商公平诚恳对待,使公司保持良好的形象,具有很高的信誉		
小　计		小　计		
本期缺勤天数计　天	减分天数　　天		减分数　　分	

公司成绩奖金采分表(营业)

被采分者姓名:________	时期　自20____年____月____日 至20____年____月____日		采分者:________	
成绩进步的程度	采分	工作努力的程度	采分	特记事项
1. 机智、灵敏地获取有利的工程情报,经常考虑采取适当的手段以更好地掌握这种情报		1. 对自己所做的工作总是经常创新、肯下功夫		
2. 为了开拓未来有前途的领域,经常采取有效的措施和活动		2. 工作责任心强,必要时还加班加点,以尽职责		
3. 在对外谈判时,能巧妙地运用谈判技巧,从而得到条件有利的订货,或者解决不利的问题		3. 工作全力以赴,且表里如一,自觉性强		
4. 能努力节约与营业有关的各项费用或开支		4. 对上级指示坚决执行,对下级指导、监督认真负责		
5. 能始终在同客户、同行的交往中,维护公司的利益,使公司的信誉得到提高,在社会上保持良好的企业形象		5. 和同事关系良好,对顾客、同行、承包商公平诚恳对待,使公司保持良好的形象且有很高的信誉		
小　计		小计		
本期缺勤天数计　　天	减分天数　　天		减分数　　分	

公司成绩奖金采分表(财务)

<table>
<tr><td colspan="2">被采分者姓名:________</td><td colspan="2">时期 自 20 ____年____月____日
至 20 ____年____月____日</td><td colspan="2">采分者:________</td></tr>
<tr><td>成绩进步的程度</td><td>采分</td><td>工作努力的程度</td><td>采分</td><td colspan="2">特记事项</td></tr>
<tr><td>1. 在记账、计算、开票、出纳等事务的处理上,能不出差错、不耽误时间、高效率地完成任务</td><td></td><td>1. 对自己所做的工作总是经常创新、肯下功夫</td><td></td><td colspan="2"></td></tr>
<tr><td>2. 能够正确、高效地进行联系、传达、申请以及事后处理等工作</td><td></td><td>2. 工作责任心强,必要时还加班加点,以尽职责</td><td></td><td colspan="2"></td></tr>
<tr><td>3. 在工作繁忙或情况紧急的时刻,具有努力处理好此项工作的责任心和完全办妥此项工作的把握</td><td></td><td>3. 工作全力以赴,且表里如一,自觉性强</td><td></td><td colspan="2"></td></tr>
<tr><td>4. 努力改进工作,取得优异的成绩</td><td></td><td>4. 对上级指导坚决执行,对下级指导、监督认真负责</td><td></td><td colspan="2"></td></tr>
<tr><td>5. 节约备品备件、物资器材,致力于搞好物资的整理、整顿</td><td></td><td>5. 和同事关系良好,对顾客、同行、承包商公平诚恳对待,使公司保持良好的形象,且有很高的信誉</td><td></td><td colspan="2"></td></tr>
<tr><td>小　计</td><td></td><td>小计</td><td></td><td colspan="2"></td></tr>
<tr><td>本期缺勤天数计　　天</td><td colspan="2">减分天数　　天</td><td colspan="2">减分数　　分</td><td></td></tr>
</table>

公司成绩奖金采分表(一部分合计)

时期 自 20 ______年____月____日
至 20 ______年____月____日　　　　采分者

所属部门	姓名	职务	成绩进步的程度、分数	工作努力的程度、分数	合计	减分数	差额分数	审评

公司考查所定奖金采分决定表

（20____年____月____日）

所属部门	姓名	职务	(A)成绩进步的程度				(B)工作努力的程度				总平均(A+B)1/2	减分	审评	总经理决定	备考
			所属部门	人事部门	总经理	平均	所属部门	人事部门	总经理	平均					

公司奖金综合计算表

（20____年____月____日）

所属部门	姓名	职务	基本工资	不同种类得分			金额	特别附加工资	决定支付额	上期支付额	备考
				定额	考查	小计					

8.6 工资扣缴表

年度 编号 字第 号

服务单位		职称		所得人姓名		身份证号码	
所得人原籍							
所得人住址							

时间		配偶及需抚养人			给付明细									所得税	劳工保险费	福利基金	实际给付额	给付日期	领款盖章
年	月	有	无	人数	工资	工资上期	工资下期	奖金	加班津贴	假日津贴	有	无	合计						

8.7 工资标准表

职称	职位等级	基本工资	职务补贴	技术补贴	特殊补贴
总经理					
副总经理					
经理、厂长、总工程师、总稽核					
副经理、总经理助理、副厂长					
高级工程师、专员、稽核员					
科长、工程师、主任、经理助理					
副科长、副主任、助理工程师					
组长、技术员、管理员					
办事员、副组长、班长					
助理员、代理班长					
办事员、副组长、班长					
助理员、代理班长					
实习员					

8.8　工资奖金核定表

月份

本月营业额		本月净利润		利润率	
可得奖金		调整比率		应发奖金	

奖金核定	单位	姓名	职别	奖金	单位	姓名	职别	奖金

奖金核定标准	本月净利润	可得奖金	本月营业额	目标利润提高比率
	10 万以上	0	400 万以下	0%
	10 万～19 万	200 元	400 万～499 万	10%
	20 万～29 万	400 元	500 万～599 万	20%
	30 万～39 万	600 元	600 万～699 万	30%
	40 万～50 万	800 元	700 万～800 万	40%
	50 万以上	每增加 10 万元营业额即增加 200 元奖金	800 万以上	

总经理：　　　　　　核准：　　　　　　填表：

8.9 变更工资申请单

<table>
<tr><td colspan="4">日期　　　　　　　　　　　　　　姓名　　　　　　工号</td></tr>
<tr><td colspan="4">职称　　　　　　　　　　　　　　　　　　　　　工作部门</td></tr>
<tr><td colspan="4">担任工作</td></tr>
<tr><td colspan="4"></td></tr>
<tr><td colspan="4">聘用日期</td></tr>
<tr><td colspan="4">记录　　　　　　　　　　　　　　□优　　　　　　□好　　　　　　□普遍　　　　（任选一种）</td></tr>
<tr><td colspan="4">现在工资率　　　　　　　　　　　　　　　　　　　将调整工资率</td></tr>
<tr><td colspan="4">理由（任勾一种）</td></tr>
<tr><td colspan="4">□晋升　　□调整工作　　□考绩优良　　□年资增加</td></tr>
<tr><td colspan="4">最低工资　　　　　　　　　　　　　　　　　　　　工资等级</td></tr>
<tr><td colspan="4">新工作需要的条件</td></tr>
<tr><td colspan="4">备注：</td></tr>
<tr><td>申请者</td><td></td><td>批准者</td><td></td></tr>
<tr><td>签章</td><td colspan="3"></td></tr>
<tr><td>日期</td><td colspan="3"></td></tr>
</table>

8.10 新员工工资核准表

年 月 日 编 号

<table>
<tr><td>工作部门</td><td colspan="2"></td><td>职别</td><td colspan="2"></td></tr>
<tr><td>姓名</td><td colspan="2"></td><td>到职日期</td><td colspan="2">年 月 日</td></tr>
<tr><td>学历</td><td colspan="5"></td></tr>
<tr><td>工作经验</td><td colspan="5">相关_____年,非相关_____年,共_____年</td></tr>
<tr><td>能力说明</td><td colspan="5"></td></tr>
<tr><td>要求待遇</td><td colspan="2"></td><td>公司标准</td><td colspan="2"></td></tr>
<tr><td>按核工资</td><td colspan="2"></td><td>生效日期</td><td colspan="2"></td></tr>
<tr><td>批示</td><td></td><td>单位主管</td><td></td><td>人事经办</td><td></td></tr>
</table>

8.11 工资发放表

单位：(元)

姓名	本薪	加班费	奖金	提成	应发金额	所得税	劳保费	预付费	伙食费	实发金额	领讫印章
1.											
2.											
3.											
4.											
5.											
6.											
7.											
8.											
9.											
10.											
11.											
12.											
13.											
14.											
15.											
16.											
17.											
18.											
19.											
20.											
合　计											

董事长　　　　总经理　　　　经理　　　　　　会计　　　　制表

8.12 工资调整总表

公司名称：　　　　　　　　______年______月______日　　　　　　　　单位：(元)

部门	编号	姓名	本薪			加班费			奖金			合计		
			调整前	调整后	幅度%	调整前	调整后	幅度%	调整前	调整后	幅度%	调整前	调整后	幅度%

董事长　　　　总经理　　　　经理　　　　会计　　　　制表　　　　第　页

此表是会计人员必须填写的表格之一。员工工资并非是一直是个固定数值，工资的调整有时十分必要。

工资调整是奖惩员工的一种手段，也是成本管理的一种手段。对工资调整有一个总体把握，有助于企业的员工管理。

8.13 公司津贴制度

住宅津贴

第 1 条 领取资格 在公司住宅、宿舍及其他公司设施以外居住的公司职工，自______年______月起，按下列标准领取住宅津贴。

第 2 条 津贴额 住宅津贴按下列分类分别确定其津贴额。

（1）本人是户主。

①有抚养家属，且共同居住。

租借房屋，每月津贴______元；自有房屋，每月津贴______元。

②无抚养家属（单身）。

租借房屋，每月津贴______元；自有房屋，每月津贴______元。

（2）本人不是户主。

①所抚养家属为户主。

租借房屋，每月津贴______元；自有房屋，每月津贴______元。

②所抚养家属不是户主。

租借房屋，每月津贴______元；自有房屋，每月津贴______元。

③无抚养家属。

租借房屋，每月津贴______元；自有房屋，每月津贴______元。

（3）购、建私房津贴。

①本人是户主。

有抚养家属者，以______元为限；无抚养家属者，以______元为限。

②本人不是户主。

有抚养家属者，以______元为限；无抚养家属者，以______元为限。

第 3 条 住宅津贴的发放和停止 住宅津贴从职工成为领取住宅津贴的对象当月开始发放，在职工不符合领取条件时停止发放。

第 4 条 领取手续 希望领取住宅津贴的职工，事先必须将“家庭关系证明书”及有关住房情况的材料提交给本单位领导，请他们代转交给总务处。

第 5 条 确认 根据第 4 条中记载的提交材料，本单位负责人及总务处负责人需要确认该职工领取住宅津贴的资格及住宅津贴的金额，填写住宅津贴确认表。

第 6 条 确认过程中的有关调查 公司在审核职工提交的有关资料时，根据需要，可要求职工进一步提交有关辅助资料（如租房契约、交房租收据等），对事实进行确认性调查。

第 7 条 领取条件发生变动时的手续 当住宅津贴的领取条件发生变动时，本人必须及时向本单位领导提交有关材料，并请他们代转交给总务处。

特别工作津贴

第 8 条 领取资格 对于从事化学制品的生产和试验研究者，按下列标准支付特别工作津贴。

第 9 条 专职从事化学制品生产者 对于专职从事化学制品生产的人员，每月发给特别工作津贴____元。

第 10 条 兼职从事化学制品生产者 上一条专职从事化学制品生产以外者，按下列标准支付特别工作津贴：

（1）试验研究部门或协助生产化学制品的人员，其从事化学制品生产或试验研究的时间比率（实际从事化学制品生产或试验研究的时间占一个月的全部工作时间的百分比）及相对应的特别的工作津贴（见下表）；

特别工作津贴表

从事化学制品生产或试验研究的时间比率	特别工作津贴
不到 10% 的	每月______元
10% 以上，不到 15% 的	每月______元
15% 以上，不到 30% 的	每月______元
30% 以上，不到 50% 的	每月______元
50% 以上，不到 70% 的	每月______元
70% 以上的	每月______元

（2）在上述计算标准中，生产部门和试验研究部门没有区别。工作时间比率由该部门负责人按工作考勤计算；

（3）特别工作津贴的奖金标准额，为半年（上半年或下半年）特别工作津贴的月平均额，每半年发放一次。

伙食补贴

第 11 条 领取资格及金额　因工作原因而不能利用本公司食堂的职工，按下列标准发给伙食补贴：

（1）每天午餐补贴____元，晚餐补贴____元；

（2）伙食补贴每月结算一次，按出勤天数乘以每天的伙食补贴标准支付。

第 12 条 本公司职工市内出差，也按上一条标准领取伙食补贴。

第 13 条 在本公司食堂用餐者按下列标准给予伙食补贴：

（1）早餐____元（限在本公司宿舍居住的单身职工）；

（2）午餐____元；

（3）晚餐____元（限在本公司宿舍居住的单身职工及需在晚 7 点以后加班者）。

第 14 条 本公司职工因需要在下班以后加班两小时以上者，免费供应一顿晚餐（或夜餐）。

8.14 公司福利制度范本

第 1 条 为吸引和留住优秀人才，公司提供优良的福利条件，并根据国家和当地政府有关劳动、人事政策以及公司规章制度，特制定本方案。

第 2 条 结合公司生产、经营、管理特点，建立起公司规范合理的福利制度体系。

第 3 条 公司福利不搞平均，应根据绩效不同、服务年限不同而有所区别。

第 4 条 避免公司福利一应俱全的弊病，福利享受从实物化转变为货币化。

第 5 条 公司福利对象。

（1）正式在职员工；

（2）非正式员工；

（3）离退休员工。

不同员工群体在享受福利项目上有差异。

第 6 条 公司提供的各类假期。

（1）法定节假日；

（2）病假；

（3）事假；

（4）婚假；

（5）丧假；

（6）探亲假；

（7）计划生育假（产假）；

（8）公假；

（9）年假；

（10）工伤假。

具体请假事宜见员工请假办法文件。

第7条 公司提供进修、培训教育机会。具体事宜见员工培训与教育管理办法文件。

第8条 公司提供各类津贴和补贴。

（1）住房补贴或购房补贴；

（2）书报费补贴；

（3）防暑降温或取暖补贴；

（4）洗理费补贴；

（5）交通补贴；

（6）生活物价补贴；

（7）托儿津贴；

（8）服装费补贴；

（9）节假日补贴；

（10）年假补贴。

具体事宜见公司补贴津贴标准。

第9条 公司提供各类保险。

（1）医疗保险；

（2）失业救济保险；

（3）养老保险；

（4）意外伤害、工伤事故保险；

（5）员工家庭财产保险。

具体事宜见公司员工保险办法文件。

第10条 公司推行退休福利，所有退休人员享有退休费收入，领取一次性养老补助费。

第11条 公司提供免费工作午餐，轮值人员享有每天两顿免费餐待遇。

第12条 公司提供宿舍给部分员工。申请事宜见员工住房分配办法。

第13条 公司员工享受有公司年终分红的权利和额外奖励。

第 14 条 公司为员工组织各种文化体育和联谊活动，每年组织旅游和休养、疗养。

第 15 条 公司对员工结婚、生日、死亡、工伤、家庭贫困均有补助金。

第 16 条 劳动保护。公司保护员工在工作中的安全和健康。

（1）凡因工作需要保护的在岗员工，公司须发放劳动保护用品；

（2）劳保用品不得无故不用，不得挪作他用。辞职或退休、退职离开公司时，须交还劳保用品。在公司内部调配岗位，按新工种办理劳保用品交还转移、增领手续。

第 17 条 保健费用。

（1）凡从事有毒或恶劣环境作业的员工须发放保健费；

（2）对义务献血的员工，除给予休假外，发放营养补助费。

8.15 员工福利金申请表

<table>
<tr><td>申请人姓名</td><td></td><td>性别</td><td></td><td>身份证号</td><td></td></tr>
<tr><td>工作部门</td><td></td><td>职称</td><td></td><td>到职日期</td><td></td></tr>
<tr><td>申请事项</td><td colspan="2">金额（元）</td><td colspan="3">备注说明</td></tr>
<tr><td>短期残障</td><td colspan="2"></td><td colspan="3" rowspan="8"></td></tr>
<tr><td>长期残障</td><td colspan="2"></td></tr>
<tr><td>人寿保险</td><td colspan="2"></td></tr>
<tr><td>死亡福利</td><td colspan="2"></td></tr>
<tr><td>休假期支付</td><td colspan="2"></td></tr>
<tr><td>探亲费用</td><td colspan="2"></td></tr>
<tr><td>退休及储蓄
计划支付额</td><td colspan="2"></td></tr>
<tr><td>劳工福利总计</td><td colspan="2"></td></tr>
<tr><td colspan="6">批示</td></tr>
<tr><td colspan="6">复核意见</td></tr>
<tr><td colspan="6">部门主管意见</td></tr>
<tr><td colspan="6">人力资源部主管意见</td></tr>
</table>

批准人：　　　　审核人：　　　　申请人：　　　　填表日期：　　年　　月　　日

8.16 员工保险管理办法范本

总则

第 1 条 为实施公司福利制度方案，构建合理的员工保险体系，特制定本办法。

社会保险险种

第 2 条 离退休养老保险。

（1）公司各类职工按国家规定，均应办理强制性养老保险社会统筹；

（2）实行企业缴费与个人缴费相结合，具体缴费比例由当地政府文件规定；

（3）养老金的计发根据当地政府社会保险部门文件规定。

第 3 条 公司具有较好财务状况时，可为职工办理补充性养老保险，所需费用从公司自有资金中的奖励福利基金中支付。鼓励并协助职工参加储蓄性养老保险。

第 4 条 医疗保险。

（1）当地有医疗保险社会统筹时，公司应按规定参加，为全体职工办理相应的手续；

（2）当地总工会组织大病、重病统筹时，公司应积极参加。

第 5 条 失业保险。

公司按政府有关规定，向当地失业保险办理有关手续。

公司按全部职工工资总额的______%（一般为 0.6%，最多不超过 1%）缴纳失业保险费。

第 6 条 失业保险领取标准。

（1）失业前在企业连续工作 1 年以上不足 5 年，领取最长期限为 12

个月；

（2）失业前在企业连续工作5年以上，领取最长期限为24个月。

失业救济金相当于当地社会救济金的120%～150%。

第7条 失业保险领取或失去资格的情形。

（1）领取资格情形：

①公司依法破产后；

②职工在公司整顿期被精减；

③公司被撤销解散后；

④职工终止或解除了劳动合同；

⑤被辞退、除名或开除。

（2）失去资格情形：

①领取期限届满；

②参军或出国定居；

③重新就业；

④无正当理由，两次拒绝接受就业机构介绍的工作；

⑤在领取期间被劳教或被判刑。

第8条 意外伤害保险。

公司为危险工作岗位或全体职工，向当地商业保险机构办理有关意外伤害保险手续。

公司自行确定意外伤害保险投保范围。

第9条 随着社会保险的发展和提供的保险商品越来越多，公司应精心选择合适的保险机构和保险品种，以求获得低成本、高效益的保险效果。

公司内部保险待遇及措施

第10条 退职养老保险。

职工丧失劳动能力，但未达到退休条件，根据规定，退职后可按月发给本人标准工资______%（如40%）的生活费。

第 11 条 疾病保险。

（1）对长期固定工：

①患病停工治疗在 6 个月以内的，根据其工龄长短，发给本人标准工资的 60% ~100% 病假工资；

②患病停工治疗在 6 个月以上的，根据其工龄长短，发给本人标准工资的 40% ~60% 疾病救济费；

③医药费由公司负担；

④职工死亡，公司发给相当于本公司 2 个月平均工资的丧葬费。另外，一次性发给其供养直系亲属救济费：供养 1 人，发给死者生前 6 个月的标准工资；供养 2 人，发给 9 个月的标准工资；供养 3 人，发给 12 个月的标准工资。

（2）对劳动合同工：

①给予一定时间的医疗期。实际工作年限 10 年以下及在本公司工龄 5 年以下的，医疗期为 3 个月；在本公司工龄 5 年以上的，为 6 个月。实际工作年限 10 年以上及在本公司工龄 5 年以下的，医疗期为 6 个月；在本公司工龄 5 年以上 10 年以下的，为 9 个月；在本公司工龄 10 年以上 15 年以下的，为 12 个月；在本公司工龄 15 年以上 20 年以下的，为 18 个月；在本公司工龄 20 年以上的，为 24 个月。

②在医疗期，其医疗待遇和病假工资与固定工相同。

③医疗期满后，因不能胜任工作而被解除劳动合同的，由公司发给不低于 6 个月工资的医疗补助费；同时按本公司工龄，每满 1 年增加相当于 1 个月工资的经济补偿金。另外，患重病的，增加不低于医疗补助费 50% 的金额；患绝症的增加不低于医疗补助费 100% 的金额。

（3）对农民合同工和临时工：

①对农民合同工，公司根据其实际工作年限和在本公司工龄，给予3 ~6 个月的医疗期；对临时工不超过 3 个月。

②在医疗期，其医疗待遇和病假工资与固定工基本相同。

③医疗期满后，因不能胜任工作而被解除劳动合同的，由公司酌情发给一次性（如3～6个月工资）的医疗补助费。

第12条 工伤保险的范围。

（1）执行日常工作、临时指定或经同意工作时的伤害；

（2）在紧急情况下虽未经上级批准但对公司有利的工作时的伤害；

（3）在从事技术发明或改造时的伤害；

（4）因工出差或工作调动期间及往返途中的意外事故导致的伤亡；

（5）工作中受伤但未察觉，事后发作疼痛而不能工作；

（6）因工负伤医疗终结后，旧伤复发而导致伤残或死亡；

（7）因紧急任务加班，不能回家休息，临时在现场睡眠发生意外事故，且非本人应负主要责任；

（8）在日常工作中，与坏人斗争而遭坏人伤害；

（9）因严重医疗事故而使病伤恶化，并经医务劳动鉴定委员会鉴定属实；

（10）在本公司食堂就餐而食物中毒；

（11）参加公司或代表公司参加各种文化体育活动比赛时伤亡；

（12）参加公司组织的参观旅游、政治活动和社会公益活动时伤亡；

（13）各种职业病的侵害。

第13条 工伤保险待遇。

（1）职工因工负伤，医疗费用和住院膳食费用全部由公司承担，医疗时间至医疗终止时止。医疗期间，原标准工资照发，直至医疗结束时止。

（2）职工患职业病，凡被确诊的，享受国家有关规定的工伤保险待遇或职业病待遇。

（3）职工因工致残，经劳动鉴定委员会确认的，按伤残等级发给证书并享受相应待遇：

①完全丧失劳动能力的，按规定实行退休；

②部分丧失劳动能力的，公司安排力所能及的工作；因变岗降低了工资，

应发给因工伤残补助费。

（4）职工因工死亡，公司发给相当于本公司 3 个月平均工资的丧葬费。另每月支付其供养直系亲属抚恤费：供养 1 人，为死者本人工资的 25%；供养 2 人，为死者本人工资的 40%；供养 3 人及以上者，为死者本人工资的 50%，直到受供养者失去受供养条件为止。

第 14 条 生育保险待遇。

根据国家有关规定，公司对女职工实行特殊劳动保护。

（1）禁止女职工从事不利于身体健康的工作；

（2）划定女职工经期、已婚待孕期、怀孕期、哺乳期禁忌从事的劳动范围，并严格遵守；

（3）女职工在怀孕期、产期、哺乳期，享有基本工资，不得解除劳动合同，允许在劳动时间内进行产前检查；

（4）女职工产假为 90 天。其中，产前休假 15 天；难产增加休假 15 天。

保险管理

第 15 条 公司为每位员工建立保险工作卡或保险档案。

第 16 条 保险范围一般在中国境内。出境考察或在国外长期工作的保险，可预先在国内投保或按所在国规定办理。

第 17 条 保险支付或索赔。

如发生投保条款中规定的事件，应由公司有关部门或由员工（或受益人）向保险机构（公司）申请支付或索赔。

必要时维持现场原貌或保存证据，在索赔时应提供所需要的各类证明。

第 18 条 及时办理与职工新聘用、调岗和辞退相关的保险关系的初建、增减、企业间转移、撤保、续约等事务。

附 则

第 19 条 公司应密切关注中央和地方政府保险法规、政策动态，并及时做出相应调整。

第20条 本办法与地方政策抵触时，以地方政府规定为准。

第21条 依据本办法，人事部会同财务部制定具体实施细则，并由董事会批准。

8.17　伤病、重大灾害及丧葬补助办法

1. 本公司职工福利委员会为加强职工福利，增进其生活保障，特制定本办法。

2. 本公司正式雇用的职工，自到职日起，至离职日止，得以发生的事实，分别引用本办法条款，申请补助费，唯其配偶或直系亲属同在本公司服务者，不得以同一事因重复申请补助。

3. 职工本人，或其配偶、直系亲属因伤病住院时，得填具申请书，并检附户籍誊本（职工本人免附）、住院证明书及医疗费用单据，提送职工福利社申请补助。

4. 伤病补助费的给付标准如下：

（1）职工本人可申请补助保险机构给付津贴的全部医疗费用，但自第一次住院日 1 年内，其累积总额以 3000 元为限；

（2）配偶或直系亲属可申请补助半数医疗费用；但每一眷属自第一次住院日起 1 年内，其累积总额以 1000 元为限。

5. 职工本人或其眷属如因施行整容、整形或违反生理的手术，及因自戕而致伤病时，均不得申请补助。

6. 申请水灾、火灾、风灾、地震或其他无可避免的重大灾害补助费，须由职工本人或其眷属于灾害发生后，填具申请书，并附本公司两个同事证明文件，提交职工福利委员会核定。

7. 重大灾害补助的给付，须由本会委员两人查明实际受害情形后，核定补助金额。但最多以 5000 元为限。

8. 申请丧葬补助费应由申请人于事实发生后，填具申请书，并附户籍誊本、死亡证明书，提送职工福利社核发。

9. 丧葬补助费给付标准如下：

（1）职工本人补助 5000 元；

（2）配偶或其直系血亲每人补助1000元。

10. 丧葬补助费的受益人，如无特别指定（指定受益人须由职工本人自动向福利社登记）其顺序如下：

（1）配偶；

（2）子女；

（3）父母。

11. 申请各项补助费，如发现有伪造证件冒领等事情，除追回款项外，并报请议处。

12. 本办法经本会会议通过后施行，修改时亦同。

注：所谓重大灾害的范围，经第三届第一次委员会决议依照下列办理：

（1）员工所有的房屋遇无可避免的重大灾害者始得申请重大灾害补助费；

（2）因工作关系，将迁移而另租屋，但其原所有房屋或租与他人，遇重大灾害者，可申请补助费。

8.18 员工医药费补助规定

第 1 条 本公司为加强员工福利，安定生活，提高工作效率，特制定本办法。

第 2 条 本公司正式雇用的员工，其配偶或直系一等血亲可适用本办法。

第 3 条 员工及其家属自员工离职日及留职停薪日起即丧失此补助权益。

第 4 条 凡本公司员工本人、其配偶或直系一等血亲患伤病住医院接受门诊时，由福利委员会补助其医药费 50%。每户补助金额按员工本人及其配偶与直系一等血亲人数，每人每年以补助 200 元计算。(例如，员工某甲，包括其配偶及直系一等血亲在内，共 5 口，则某甲全年补额以 1000 元为限)。

第 5 条 本公司员工，其配偶或直系一等血亲门诊时，由员工本人先行垫付医药费，同时填具医院门诊医药费证明单（公司印备）请医院盖章，然后提出该证明单向福利委员会申请医药补助费。如医师开处方至药房购药者，添附处方及药房收据申请补助费。

第 6 条 员工本人及家属经由劳动保险费负担医药费者，不予补助，但超过劳保标准，自付医药费部分有医院收据或证明者，不在此限。

第 7 条 员工本人或其家属因美容外科、义肢、义齿、义眼、接生及其他附带治疗、输血、证件费均不得申请补助。但因紧急伤病，经医院诊断必须输血者，不在此限。

第 8 条 本办法核准后施行，修改时亦同。

8.19 门诊医药费证明单

××公司福利委员会

No. ____________

员工姓名：____________　　　　就诊日期：　　年　　月　　日

姓名	病症	金额	备注
		仟　佰　拾　圆整	

部门经理：　　　　医疗所及经办人：　　　　盖章：

8.20 员工工伤报告表

姓名		工号		性别	
部门名称		部门编号		职务	
负伤时间				负伤地点	
负伤原因				调查结果	
负伤情形					
处置方法	已送医院医治，需住院 已送医院，予请假　　天				
裁决					
备注	第一联：原部门存 第二联：送人力资源部				

部门经理：　　　　主管人：　　　　负责人：　　　　制表人：

填表日期：　年　月　日

8.21 重大伤病补助申请表

姓名		性别		年龄	
部门		编号		职称	
工号		职等		到职日期	
申请事由					
说明文件					
申请金额					
备注					

总经理：　　　　总务部：　　　　主管人：　　　　填表人：

填表日期：　　年　　月　　日

8.22 员工抚恤申请表

<table>
<tr><td rowspan="2">申请人信息</td><td>姓名</td><td>年龄</td><td>性别</td><td>籍贯</td><td>职业或职务</td><td colspan="2">与死亡员工关系</td><td colspan="3">住址</td></tr>
<tr><td></td><td></td><td></td><td></td><td></td><td colspan="2"></td><td colspan="3"></td></tr>
<tr><td rowspan="2">死亡员工信息</td><td>姓名</td><td>年龄</td><td>性别</td><td>籍贯</td><td>到职（工）时间</td><td colspan="2">工资及津贴总数</td><td colspan="3">原住址</td></tr>
<tr><td></td><td></td><td></td><td></td><td></td><td colspan="2"></td><td colspan="3"></td></tr>
<tr><td>伤亡经过</td><td colspan="10"></td></tr>
<tr><td>适用条文</td><td colspan="10"></td></tr>
<tr><td>请发抚恤款数</td><td colspan="10">抚恤金　　　　个月　　总计　　　　　　元
扣除劳保给付计
实付　　　　　元</td></tr>
<tr><td>死亡证书</td><td colspan="10"></td></tr>
<tr><td>保证</td><td>保证人</td><td></td><td>职业</td><td></td><td>与申请人关系</td><td></td><td>身份证号</td><td></td><td>地址</td><td></td></tr>
<tr><td>总经理签章</td><td colspan="2"></td><td>服务单位主管</td><td colspan="3"></td><td colspan="2">财务部签章</td><td colspan="2"></td></tr>
<tr><td colspan="11">申请人：</td></tr>
<tr><td colspan="11">身份证号：</td></tr>
<tr><td colspan="11">年　　月　　日</td></tr>
<tr><td colspan="11">备注：（1）申请抚恤者，应向人事部门请领申请表，照式填明呈核；
（2）主管人员应严加审核；
（3）保证人应以死亡员工之同事为限；
（4）本表一式三份，一份存服务单位，一份存财务部门，一份呈报总公司。</td></tr>
</table>

第9章

员工档案与办公文件管理

9.1 企业档案管理制度

总则

第 1 条 为加强公司文书档案、声像资料的管理工作，保证文书档案、声像资料的及时归档和妥善保管，特制定本制度。

第 2 条 公司行政部行政内勤负责档案资料的归档督促和日常管理工作。

第 3 条 公司各部门在工作活动中形成的各种有保存价值的档案资料，都要按照本制度的规定在行政部备份。

文件资料的收集管理

第 4 条 归档范围：

（1）公司印发的公文；

（2）公司的各种规章制度、实施细则、程序文件；

（3）公司与其他单位签订的合同、协议书等文件正本；

（4）公司重要会议资料，包括会议的通知、决议、总结、重要发言、会议纪要等；

（5）上级机关发来的与公司有关的决定、决议、指示、条例、规定、计划等文件资料；

（6）公司对外的正式发文及与有关单位来往的文书及传真；

（7）公司重要的技术资料、供应商档案资料、客户资料等；

（8）公司管理人员任免的文件资料以及关于员工奖励、处分的文件资料；

（9）公司的历史沿革、大事记及反映公司重要活动的剪报、照片（及胶卷）、录音、录像等；

（10）公司及产品的获奖证书原件；

（11）公司保密制度中规定的保密范围材料。

第 5 条 重要资料承办人应及时将办理完毕或经批准的文件资料，收集齐全，加以整理，送交档案管理人员归档。

第 6 条 一项工作由几个部门参与办理，在工作活动中形成的重要文件资料，由此项工作的负责人收集并交行政部归档保管。

第 7 条 公司员工外出培训、学习、考察、调查研究、参加上级机关召开的会议等公务活动，在核报差旅费时，必须将有归档价值的文件资料向行政部档案管理人员办理归档，档案管理人员签字认可后，财务部方可办理报销手续。

第 8 条 公司所有收发的传真，均应由行政前台复印后，交由档案管理人员存档。

第 9 条 档案管理人员的职责：

（1）掌握公司文件资料的归档范围，收集保管公司重要的文件资料；

（2）认真执行定期归档制度。平时对公司的重要文件资料分类收集，每年 6 月底和 12 月底应将归档文件资料整理归档完毕；

（3）公司员工查阅和借用文件资料时，档案管理人员应积极地做好服务工作，并办理查阅和临时借用登记手续。

归档管理

第 10 条 档案管理人员应根据公司的业务及当年工作状况，编制重要文件资料归档使用的“案卷类目”。“案卷类目”的条款必须简明确切，并编上条款号。

第 11 条 档案管理人员应及时将已归档的文件资料，按照“案卷类目”条款，放入保存文件夹内，“对号入座”，并在文件处理登记簿上注明。

第 12 条 归档的文件资料页数应齐全完整。

第 13 条 在归档的文件资料中，应将每份文件的正件与附件、请示与批复、转发文件与原件、多种文字形成的同一文件，归放在一起，不得分开。

第 14 条 每份案卷必须按规定的格式逐件填写卷内文件目录。填写的字迹要工整，卷内目录放在卷首。

第 15 条 对于重要的声像类资料，档案管理人员应当在卷首附上文字说明，包括事由、时间、地点、人物、背景、作者（摄制者）等。

附 则

第 16 条 本制度由行政部负责解释。

第 17 条 本制度自颁布之日起施行。

9.2 人事档案管理

1. 保守档案机密。现代企业竞争中，情报战是竞争的重要内容，而档案机密便是企业机密的一部分。对人事档案进行妥善保管，能有效地保守机密。

2. 维护人事档案材料完整，防止材料损坏，这是档案保管的主要任务。

3. 便于档案材料的使用。保管与利用是紧密相连的，科学有序的保管是高效利用档案材料的前提和保证。

4. 人事档案保管制度的基本内容。

建立健全保管制度是对人事档案进行有效保管的关键。其基本内容大致包括五部分：材料归档制度；检查核对制度；转递制度；保卫保密制度；统计制度。

（1）材料归档制度。新形成的档案材料应及时归档，归档的大体程序是：

①首先对材料进行鉴别，看其是否符合归档的要求；

②按照材料的属性、内容，确定其归档的具体位置；

③在目录上补登材料名称及有关内容；

④将新材料放入档案。

（2）检查核对制度。检查与核对是对人事档案材料本身进行检查，如查看有无霉烂、虫蛀等，也包括对人事档案保管的环境进行检查，如查看库房门窗是否完好，有无其他存放错误等。

检查核对一般要定期进行。但在下列情况下，也要进行检查核对：

①突发事件之后，如被盗、遗失或水灾火灾之后；

②对有些档案发生疑问之后，如不能确定某份材料是否丢失；

③发现某些损害，如发现材料变霉，发现了虫蛀等。

（3）转递制度。转递制度是指相关档案转移投递，不能交本人自带。另外，收档单位在收到档案，核对无误后，应在加执上签字盖章，及时退回。

（4）保卫保密制度。具体要求如下：

①对于较大的企业，一般要设专人负责档案的保管，应齐备必要的存档设备；

②库房备有必要的防火、防潮器材；

③库房、档案柜保持清洁，不准存放无关物品；

④任何人不得擅自将人事档案材料带到公共场合；

⑤无关人员不得进入库房，严禁吸烟；

⑥离开时关灯关窗，锁门。

（5）统计制度。人事档案统计的内容主要有以下几项：

①人事档案的数量；

②人事档案材料收集补充情况；

③档案整理情况；

④档案保管情况；

⑤档案利用情况；

⑥库房设备情况；

⑦人事档案工作人员情况。

9.3 人力资源档案利用制度

目 的

第 1 条 建立人力资源档案利用制度是为了高效、有序地利用档案材料。档案在利用过程中，应遵循一定的程序和手续，这是保证档案管理秩序的重要手段。

第 2 条 建立人力资源档案利用制度也是为了给档案管理活动提供规章依据。工作人员必须按照这些制度行事，这是对工作人员的基本要求。

人力资源档案利用的方式

第 3 条 设立阅览室以供查阅。阅览室一般设在人事档案库房内或靠近库房的地方，以便调卷和管理。这种方式具有诸多优点，如便于查阅指导，便于监督，利于防止泄密和丢失等。这是人事档案利用的主要方式。

第 4 条 借出使用。借出库房须满足一定的条件，比如：本机关领导需要查阅人事档案；公安、保卫部门因特殊需要必须借用人事档案等。借出的时间不宜过长，到期未还应及时催还。

第 5 条 出具证明材料。这也是人力资源档案的功能之一。出具的证明材料可以是人力资源档案部门按有关文件规定写出的有关情况，也可以是人力资源档案材料的复制件。要求出具材料的原因一般是入党、入团、提升、招工、出国等。

人力资源档案利用的手续

第 6 条 在通过以上方式利用人力资源档案时，必须符合一定的手续。这是维护人力资源档案完整安全的重要保证。

（1）查阅手续。正规的查阅手续包括以下内容：

①由申请查阅者写出查档报告，在报告中写明查阅的对象、目的、理由、查阅人的概况等情况；

②查阅单位（部门）盖章，负责人签字；

③由人力资源档案部门审查批准。

人力资源档案部门对申请报告进行审核，若理由充分，手续齐全，则给予批准。

（2）外借手续：

①借档单位（部门）写出借档报告，内容与查档报告相似；

②借档单位（部门）盖章，负责人签字；

③人力资源档案部门对其进行审核、批准；

④进行借档登记。把借档的时间，材料名称、份数、理由等填清楚，并由借档人员签字；

⑤归还时，及时在外借登记上注销。

（3）出具证明材料的手续：单位、部门或个人需要由人力资源档案部门出具证明材料时，需履行以下手续：

①由有关单位（部门）开具介绍信，说明要求出具证明材料的理由，并加盖公章；

②人事档案部门按照有关规定，结合利用者的要求，提供证明材料；

③证明材料由人力资源档案部门有关领导审阅，加盖公章，然后登记、发出。

9.4 保密规定

第 1 条 为了维护公司利益，特制定本规定，公司全体员工必须严格遵守。

第 2 条 秘密分为三等级：绝密、机密、秘密。

第 3 条 严守秘密，不得以任何方式向公司内外无关人员散布、泄露公司机密或涉及公司机密。

第 4 条 不得向公司其他员工窥探、过问非本人工作职责内的公司机密。

第 5 条 严格遵守文件（包括传真、计算机盘片）登记和保密制度。秘密文件存放在有保密设施的文件柜内，计算机中的秘密文件必须设置口令，并将口令报告公司总经理。不准带机密文件到与工作无关的场所。不得在公共场所谈论秘密事项和交接秘密文件。

第 6 条 严格遵守秘密文件、资料、档案的借用管理制度。如需借用秘密文件、资料、档案，须经总经理批准。并按规定办理借用登记手续。

第 7 条 秘密文件、资料不准私自翻印、复印、摘录和外传。因工作需要翻印、复制时，应按有关规定经办公室批准后办理。复制件应按照文件、资料的密级规定管理。不得在公开发表的文章中引用秘密文件和资料。

第 8 条 会议工作人员不得随意传播会议内容，特别是涉及人事、机构以及有争议的问题。会议记录（或录音）要集中管理，未经办公室批准不得外借。

第 9 条 调职、离职时，必须将自己经管的秘密文件或其他东西，交至公司总经理，切不可随意移交给其他人员。

第 10 条 公司员工离开办公室时，必须将文件放入抽屉和文件柜中。

第 11 条 发现失密、泄密现象，要及时报告，认真处理。对失密、泄密者，给予 50 ~ 100 元扣薪；视情节轻重，给予一定行政处分；造成公司严重损失的，送有关机关处理。

9.5 企业归档案卷记录表

部门名称：

案卷顺序号	案卷类目号	案卷标题	起止日期		卷内张数	保管期限	备注
			起	止			

制表人：　　　　　　　　　　　　　　　　　　制表日期：　年　月　日

9.6 档案目录表

填表人：　　　　　　　　　　　　　　　　填表日期：　　年　　月　　日

文件类别	文号	名目	份数	备注

9.7 员工档案表

<table>
<tr><td rowspan="8">基本情况</td><td>姓名</td><td></td><td>性别</td><td></td><td>民族</td><td></td></tr>
<tr><td>出生日期</td><td colspan="2">/ / /</td><td>身份证号</td><td colspan="2"></td></tr>
<tr><td>政治面貌</td><td colspan="2"></td><td>婚姻状况</td><td colspan="2">（）已（）未</td></tr>
<tr><td>毕业学校</td><td colspan="2"></td><td>学历</td><td colspan="2"></td></tr>
<tr><td>专业</td><td colspan="2"></td><td>户口所在地</td><td colspan="2"></td></tr>
<tr><td>籍贯</td><td colspan="2"></td><td>城镇户口</td><td colspan="2">（）是（）否</td></tr>
<tr><td>地址</td><td colspan="2"></td><td>邮政编码</td><td colspan="2"></td></tr>
<tr><td>备注</td><td colspan="5"></td></tr>
<tr><td rowspan="6">入公司情况</td><td>所属部门</td><td colspan="2"></td><td>担任职务</td><td colspan="2"></td></tr>
<tr><td>入公司时间</td><td colspan="2">/ / /</td><td>转正时间</td><td colspan="2">/ / /</td></tr>
<tr><td>合同到期时间</td><td colspan="2">/ / /</td><td>续签时间</td><td colspan="2">/ / /</td></tr>
<tr><td>是否已调档</td><td colspan="2">（）是 （）否</td><td>聘用形式</td><td colspan="2"></td></tr>
<tr><td colspan="2">如未调档，档案所在地</td><td colspan="4"></td></tr>
<tr><td>备注</td><td colspan="5"></td></tr>
<tr><td rowspan="9">档案所含资料</td><td colspan="2">文件名称</td><td></td><td colspan="2">文件名称</td><td></td></tr>
<tr><td colspan="2">个人简历</td><td></td><td colspan="2">求职人员登记表</td><td></td></tr>
<tr><td colspan="2">应聘人员面试结果表</td><td></td><td colspan="2">身份证复印件</td><td></td></tr>
<tr><td colspan="2">学历证书复印件</td><td></td><td colspan="2">劳动合同书</td><td></td></tr>
<tr><td colspan="2">员工报到派遣单</td><td></td><td colspan="2">员工转正审批表</td><td></td></tr>
<tr><td colspan="2">员工职务变更审批表</td><td></td><td colspan="2">员工工资变更审批表</td><td></td></tr>
<tr><td colspan="2">员工续签合同申报审批表</td><td></td><td colspan="2"></td><td></td></tr>
<tr><td colspan="2"></td><td></td><td colspan="2"></td><td></td></tr>
<tr><td colspan="2"></td><td></td><td colspan="2"></td><td></td></tr>
<tr><td>备注</td><td colspan="6"></td></tr>
</table>

9.8 员工基本情况登记表

姓名	性别	出生	籍贯	身份证号	住址	保证人或介绍人	到厂日期	相片	体检情形						
									身长　厘米	体重　公斤	心脏	肺部	四肢	视力左　右	听力左　右

学历	工作动态				
	日期				
	工作场所				
	职务				

经历	备注					
		离职日期				
		调动原因				

劳动保险		备注	亲属					
投保日期			称谓					
			姓名					
卡片号码			出生年月					

本表用于记录职员的身体状况、学历、经历等情况。

9.9 临时员工资料表

姓名		性别		出生日期		籍贯	
学历						身份证号	
通信处						配偶	
报到日期		投保日期				保险卡号码	

雇用期限	工作部门	担任工作	工资	核准增补申请书编号
年 月 日起 至 年 月 日止				
年 月 日起 至 年 月 日止				
年 月 日起 至 年 月 日止				
年 月 日起 至 年 月 日止				
年 月 日起 至 年 月 日止				
年 月 日起 至 年 月 日止				
年 月 日起 至 年 月 日止				
年 月 日起 至 年 月 日止				

9.10 员工资源汇集表

人员编号	姓名	性别	出生年月日	最高学历	进本企业（本公司）日期	职位	职称	前二年 前一年 本年	基本月薪	前三年 前二年 前一年	考绩	主办工作	备注

本表用于汇总职员的人事资料情况，包括员工的学历、进本企业日期、职称、职位等内容。通过对人事资料进行汇集，有利于主管人员更好地了解本企业职工的情况。

9.11 员工大事记录表

编号		
日期	年　　月　　周	
大事记录人		
序号	事件日期	事件内容

9.12 离职员工资料一览表

姓名	性别	基本情况	入职时间	离职时间	离职原因

9.13 文件管理规定

为制度化、规范化文书管理体系，特制定本办法。

第1条 分类

（1）须登记的文书范围：

外来文件：公文（命令、指令、决议、指示、通知、通报、报告、请示、批复、涵、会议纪要）、电报、传真等等。

（2）本部制发文件：

本公司内部文件和对外业务文件。

第2条 收文

（1）本公司与外界往来的文件，由办公室统一登记、收文。

（2）内部制发文件流转，由各部门自行登记、收文、立卷、存档。

第3条 发文

（1）以公司名义撰写的文件，可由各部门自行拟稿，统一由公司办公室登记签发；

（2）以各部门名义撰写的文件，由各部门自行登记、签发。

第4条 分文

（1）外来文件由办公室登记收文后，根据业务性质分送各有关部门处理；

（2）内部制发文件流转时，由发文部门登记签发后，直接送收文部门登记签收。

第5条 会签

（1）需多部门或多人会签处理的文件应附上“收文处理单”；

（2）各部门收到须参与会签的文件时，须本着本部门的职责，及时认真处理并签署意见；

（3）文件收文后，再依“收文处理单”内所指定的会签顺序，转送其他会签部门或某人，若某部门或某人为最后一个会签单位，则处理后将文件转送办公室。

第 6 条 审核、批示

涉及公司总体协调或应由公司总经理审核的文件，由办公室汇总签办意见，呈总经理或交其他被授权者做最终的审核、批示。

第 7 条 执行

经总经理或有关人员的批示后，正本留办公室归档存查，由办公室将文件复印一份送执行单位处理并督促执行。

第 8 条 公司实行按国家标准和公司标准统一的文书规范格式。

第 9 条 对已经统一的文书类（以附件形式下发），要求各部门及员工严格按公司规范格式操作。

9.14 文件借阅审批表

填表日期：　　年　　月　　日

借阅人姓名		部门	
文件文号		文件类型	
借阅目的			
借阅时间			
审批意见			
备注			

9.15 文件借阅登记表

借阅人姓名	部门	文件类别	文号	份数	借阅时间	借阅目的	备注

9.16 文件调阅单

文件名称文号	调阅事由	借出时间	归还日期	调阅人	批准人	备注

注：①使用流程：调阅填写→领导批准→调阅→归还。

②填写要点：

- 借出时间，为实际调阅时间；
- 归还日期，为调阅人预计归还日期，填写请与行政主管协商；
- 备注，可填写实际归还日期或填“已还”。

③本单装订成册使用。

9.17 文件处理表

<table>
<tr><td>来文单位</td><td colspan="2"></td><td>文件字号</td><td></td><td>份数</td><td></td><td>密级</td><td></td></tr>
<tr><td>办文编号</td><td colspan="3">（　　）　字第　　号</td><td colspan="2">收文日期</td><td colspan="3">年　　月　　日</td></tr>
<tr><td>文件标题</td><td colspan="8"></td></tr>
<tr><td>主管负责</td><td colspan="8"></td></tr>
<tr><td>同事意见</td><td colspan="8"></td></tr>
<tr><td>领导指示</td><td colspan="8"></td></tr>
<tr><td>有关部门意见</td><td colspan="8"></td></tr>
<tr><td>备注</td><td colspan="8"></td></tr>
</table>

9.18 收件登记簿

序号	收文日期	来件单位	文号	密级	文件标题或内容摘要	收文部门	签收人

注：①使用流程：来件签收→来件登记→来件发送有关部门、人员。

②适用范围：公司机要件和挂号函件、公司传真件、内部资料、其他认定来件。

③签收要点：对重要文件，验看内外是否有破损及件数，以免错收、损坏、残缺。

④填写要点：

- 收文日期为年、月、日，急件、传真件要填写时、分；
- 文号为收件文件编号；
- 收文部门为收件转呈部门；
- 签收人为转呈部门收件的签名。

⑤本单在收件部门存档，对有关重要文件，行政部要留复印件存档。

9.19 文件传真传出登记簿

日期	时间	发文编号	发文者姓名	事由	份数	收文号码	收文者姓名	行政科助理签章

9.20 退休员工档案转出登记表

<table>
<tr><td>姓名</td><td></td><td>性别</td><td></td><td>出生年月日</td><td></td></tr>
<tr><td>联系电话</td><td></td><td colspan="2">身份证号</td><td colspan="2"></td></tr>
<tr><td colspan="2">现住址</td><td colspan="4"></td></tr>
<tr><td colspan="2">户口所在详细地址</td><td colspan="4"></td></tr>
<tr><td colspan="2">所属街道办事处名称</td><td colspan="4"></td></tr>
<tr><td rowspan="2">转档原因</td><td>正常退休</td><td colspan="4" rowspan="2">（单位盖章）
年　月　日</td></tr>
<tr><td>提前退休</td></tr>
<tr><td>备注</td><td colspan="5"></td></tr>
</table>

注：此表一式二份；一份存入职工档案，一份为档案接收单位留存。

9.21 档案管理规范化流程

1. 员工档案建立程序（如图所示）

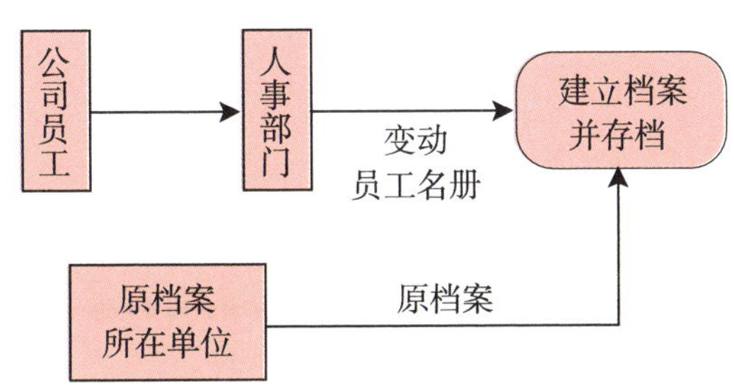

档案建立工作程序图

2. 档案查询程序

首先要向人事部门主管提出申请，经批准后可以到档案管理人员处由档案管理人员按要求查询档案，并记录在档案查询记录表备案。具体工作程序如图所示。

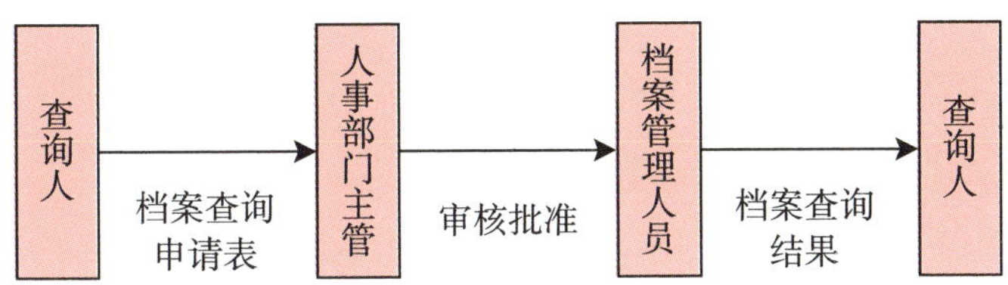

档案查询工作程序图

3. 档案转出程序（如图所示）

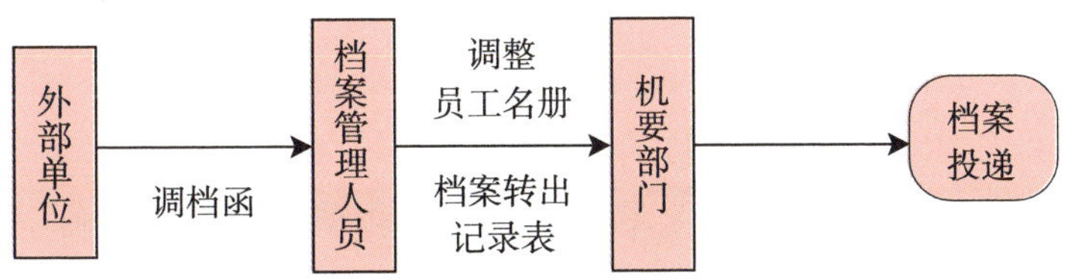

档案转出工作程序图

附录1 360度考核法章程

总则

第1条 本制度的目的是对员工的绩效进行客观、公平的评价和考核，以此为基础进行员工的奖励、提薪、晋升、能力开发等人力资源管理工作，以提高员工的能力，并公正合理地处理员工的待遇。

第2条 本制度适用于公司内除总经理外的所有员工，包括试用期的员工和临时工。

第3条 总经理的考核由董事会进行。

第4条 对员工的考核分为基础、合理化建议两部分。

（1）基础包括：

①工作结果；

②岗位规范要求；

③行政纪律；

④上级评议；

⑤同事互评（适用于部分岗位）；

⑥业务相关部门对本部门工作情况的评价（适用于部分部门）。

（2）合理化建议包括本人的合理化建议、下属员工的合理化建议（适用于管理岗位）。

第5条 由各部门根据标准操作手册制定每个职位具体的量化考核指标，由人力资源部存档。

第6条 由各部门制定各自的职位规范要求及其考核细则，作为本考核制度的附件，是对职位规范考核的依据。

第7条 由人力资源部制定行政纪律要求规范及其考核细则，作为本考核制度的附件，是对行政纪律考核的依据。

对非生产部门中层管理者的考核办法

第 8 条 非生产部门中层管理者包括副总经理，非生产部门的部门经理、科长。

第 9 条 对非生产部门中层管理者每半年考核一次。

第 10 条 对非生产部门中层管理者的考核分为基础、合理化建议两部分。

（1）基础包括：

①工作计划完成情况；

②本人和下属员工职位规范违纪情况；

③本人和下属员工行政纪律违纪情况；

④业务相关单位的考核；

⑤直接上级评议。

（2）合理化建议只包括：

①被考核人的合理化建议；

②下属的合理化建议。

对非生产部门中层管理者的考核流程

第 11 条 由人力资源部查阅被考核人在考核期内是否有严重违纪情况，并通知其直接上级。有严重违纪情况的不能参加考核。

第 12 条 由被考核人和其直接上级共同核查被考核人的工作计划完成情况。该项满分为 300 分，具体内容根据被考核人的工作计划确定。

第 13 条 由业务相关单位或个人对被考核人领导的单位的工作状况进行考核，结果交给被考核人的直接上级。该项满分为 200 分，具体内容根据部门间的工作流程确定。该项考核由人力资源部和被考核人的直接上级共同确定考核人的数量和人选，挑选原则是有代表性、公平性。

第 14 条 由人力资源部汇总被考核人及其下属员工的个人职位规范违纪

情况，提交被考核人直接上级，以进行考核。该项满分为 200 分。

第 15 条 由人力资源部汇总被考核人及其下属员工的个人行政纪律违纪情况，提交被考核人直接上级，以进行考核。该项满分为 100 分。

第 16 条 由被考核人的直接上级对被考核人进行评议，该项满分为 200 分。

第 17 条 被考核人汇总本人及其下属的合理化建议，提交其直接上级，由直接上级对此项进行考核。被考核人自己的建议：提出问题的，每条记 50 分；提出解决方案的，每条记 100 分；建议被采纳实施的，每条记 300 分。被考核人下属的建议：提出问题的，每条记 25 分；提出解决方案的，每条记 50 分；建议被采纳实施的，每条记 150 分。

对生产部门中层管理者的考核办法

第 18 条 生产部门中层管理者包括生产部经理、车间主任。

第 19 条 对生产部门中层管理者每半年考核一次。

第 20 条 对生产部门中层管理者的考核分为基础、合理化建议两部分。

（1）基础包括：

①生产数量、质量、成本指标；

②本人和下属员工职位规范违纪情况；

③本人和下属员工行政纪律违纪情况；

④直接上级评议。

（2）合理化建议包括：

①被考核人的合理化建议；

②下属的合理化建议。

对生产部门中层管理者的考核流程。

第 21 条 由人力资源部查阅被考核人在考核期内是否有严重违纪情况，并通知其直接上级。有严重违纪情况的不能参加考核。

第 22 条 由被考核人的直接上级从品质部、财务部汇总考核期内被考核人管理的单位的产品质量、产量和成本数据，根据初期确定的标准进行考核。该项满分为 500 分，具体量化指标由生产副总经理和生产部结合公司战略目标以及设备、工艺状况确定。

第 23 条 由人力资源部汇总被考核人及其下属员工的个人职位规范违纪情况，提交被考核人直接上级，以进行考核。该项满分为 200 分。

第 24 条 由人力资源部汇总被考核人及其下属员工的个人行政纪律违纪情况，提交被考核人直接上级，以进行考核。该项满分为 100 分。

第 25 条 由被考核人的直接上级对被考核人进行评议，该项满分为 200 分。

第 26 条 被考核人汇总本人及其下属的合理化建议，提交其直接上级，由直接上级对此项进行考核。被考核人自己的建议：提出问题的，每条记 50 分；提出解决方案的，每条记 100 分；建议被采纳实施的，每条记 300 分。被考核人下属的建议：提出问题的，每条记 25 分；提出解决方案的，每条记 50 分；建议被采纳实施的，每条记 150 分。

对非生产部门和生产部门职员的考核办法

第 27 条 非生产部门职员包括资材部、品质部、市场部、人力资源部、企划部、综合管理部，财务部除部门经理、科长外的所有员工。生产部门职员是指除生产部经理、车间主任、班长、组长、倒班工人外的员工。

第 28 条 对非生产部门和生产部门职员每季度考核一次。

第 29 条 对非生产部门和生产部门职员的考核分为基础、合理化建议两部分。

（1）基础包括：

①工作计划完成情况；

②本人职位规范违纪情况；

③本人行政纪律违纪情况；

④业务相关单位的考核；

⑤直接上级评议。

（2）合理化建议只包括：本人的合理化建议。

对非生产部门和生产部门职员的考核流程

第30条 由人力资源部查阅被考核人在考核期内是否有严重违纪情况，并通知其直接上级。有严重违纪情况的不能参加考核。

第31条 由被考核人和其直接上级共同核查被考核人的工作计划完成情况。该项满分为300分，具体内容根据被考核人的工作计划确定。

第32条 由业务相关员工对被考核人工作状况进行考核，结果交给被考核人的直接上级。该项满分为200分，具体内容根据工作流程确定。该项考核由人力资源部和被考核人的直接上级共同确定考核人的数量和人选，挑选原则是有代表性、公平性。

第33条 由人力资源部汇总被考核人的个人岗位规范违纪情况，提交被考核人直接上级，以进行考核。该项满分为200分。

第34条 由人力资源部汇总被考核人的个人行政纪律违纪情况，提交被考核人直接上级，以进行考核。该项满分为100分。

第35条 由被考核人的直接上级对被考核人进行评议，该项满分为200分。

第36条 被考核人汇总本人的合理化建议，提交其直接上级，由直接上级对此项进行考核。被考核人自己的建议：提出问题的，每条记50分；提出解决方案的，每条记100分；建议被采纳实施的，每条记300分。

对生产部门班组长的考核办法

第37条 生产部门班组长包括各车间的生产班组长、维修班组长。

第38条 对生产部门班组长每季度考核一次。

第39条 对生产部门班组长的考核分为基础、合理化建议两部分。

（1）基础包括：

①生产数量、质量、成本指标；

②本人和下属员工职位规范违纪情况；

③本人和下属员工行政纪律违纪情况；

④直接上级评议。

（2）合理化建议包括：

①被考核人的合理化建议；

②下属的合理化建议。

对生产部门班组长的考核流程

第 40 条 由人力资源部查阅被考核人在考核期内是否有严重违纪情况，并通知其直接上级。有严重违纪情况的不能参加考核。

第 41 条 由被考核人的直接上级从品质部、财务部汇总考核期内被考核人管理的单位的产品质量、产量和成本数据，根据期初确定的标准进行考核。该项满分为 500 分，具体量化指标由生产副总经理和生产部结合公司战略目标以及设备、工艺状况确定。

第 42 条 由人力资源部汇总被考核人及其下属员工的个人职位规范违纪情况，提交被考核人直接上级，以进行考核。该项满分为 200 分。

第 43 条 由人力资源部汇总被考核人及其下属员工的个人行政纪律违纪情况，提交被考核人直接上级，以进行考核。该项满分为 100 分。

第 44 条 由被考核人的直接上级对被考核人进行评议，该项满分为 200 分。

第 45 条 被考核人汇总本人及其下属的合理化建议，提交其直接上级，由直接上级对此项进行考核。被考核人自己的建议：提出问题的，每条记 50 分；提出解决方案的，每条记 100 分；建议被采纳实施的，每条记 300 分。被考核人下属的建议：提出问题的，每条记 25 分；提出解决方案的，每条记 50 分；建议被采纳实施的，每条记 150 分。

对生产部门操作工人的考核办法

第 46 条　生产部门操作工人包括各车间的生产工人、维修班工人。

第 47 条　对生产部门操作工人每月考核一次。

第 48 条　对生产部门操作工人的考核分为基础、合理化建议两部分。

（1）基础包括：

①生产数量、质量、成本指标；

②本人职位规范违纪情况；

③本人行政纪律违纪情况；

④同事互评；

⑤直接上级评议。

（2）合理化建议是指本人的合理化建议。

对生产部门操作工人的考核流程

第 49 条　由人力资源部查阅被考核人在考核期内是否有严重违纪情况，并通知其直接上级。有严重违纪情况的不能参加考核。

第 50 条　由被考核人的直接上级汇总考核期内被考核人产品质量、产量和成本数据，根据期初确定的标准进行考核。该项满分为 500 分，具体量化指标由生产副总经理和生产部结合公司战略目标以及设备、工艺状况确定。

第 51 条　由人力资源部汇总被考核人的个人岗位规范违纪情况，提交被考核人直接上级，以进行考核。该项满分为 200 分。

第 52 条　由人力资源部汇总被考核人的个人行政纪律违纪情况，提交被考核人直接上级，以进行考核。该项满分为 100 分。

第 53 条　由同一大班的操作工人进行同事互评，该项满分 100 分。被同事评为“比自己工作绩效好的同事”者，每票计 2 分；被同事评为“和自己工作绩效一样的同事”者，每票计 1 分；被同事评为“比自己工作绩效差的同事”者，每票计 0 分；每名员工的同事互评满分是：2 ×（n－1），n 是参加同一组互评的员工总数；每名员工同事互评项的得分为：计票总分/满分×100。

第 54 条 由被考核人的直接上级对被考核人进行评议，该项满分为 100 分。

第 55 条 被考核人汇总本人的合理化建议，提交其直接上级，由直接上级对此项进行考核。被考核人自己的建议：提出问题的，每条记 50 分；提出解决方案的，每条记 100 分；建议被采纳实施的，每条记 300 分。

考核结果的评级标准

第 56 条 员工考核结果按成绩评为 A、B、C、D 四个等级，没有比例限制。

第 57 条 有严重违纪的员工当期考核等级为 D。

第 58 条 考核结果评级标准如下：

（1）同时满足下列所有条件者为 A 等：

①基础部分的“行政纪律”单项得分不低于该项满分的 95%，基础部分的其他单项得分不低于该项满分的 80%；

②基础部分的总分不低于 900 分；

③合理化建议部分的总分不低于 100 分；

④基础部分与合理化建议部分之和的总分不低于 1050。

（2）同时满足下列所有条件者为 B 等：

①基础部分的“行政纪律”单项得分不低于该项满分的 80%，基础部分的其他单项得分不低于该项满分的 60%；

②基础部分的总分不低于 700 分；

③基础部分与合理化建议部分之和的总分不低于 800 分。

（3）同时满足下列所有条件者为 C 等：

①基础部分的“行政纪律”单项得分不低于该项满分的 60%，基础部分的其他单项得分不低于该项满分的 50%；

②基础部分的总分低于 800 分，但不低于 500 分。

（4）满足下列任一条件者为 D 等：

①基础部分的“行政纪律”单项得分低于该项满分的 60%；

②基础部分的其他单项得分低于该项满分的 50%；

③基础部分与合理化建议部分之和的总分低于 500 分者。

考核奖惩规定

第 59 条 对考核结果实行按等级一次性奖惩的原则。

第 60 条 对非生产部门、生产部门中层管理者考核的奖惩规定（半年奖）：

（1）A 等：奖励被考核人基本工资、职位工资之和的 150%；

（2）B 等：奖励被考核人基本工资、职位工资之和的 50%；

（3）C 等：扣除被考核人基本工资、职位工资之和的 30%。累计 4 次 C 等，撤销被考核人的领导职务；

（4）D 等：扣除被考核人基本工资、职位工资之和的 100%。累计 2 次 D 等，撤销被考核人的领导职务。

第 61 条 对生产部门班组长考核的奖惩规定（季度奖）：

（1）A 等：奖励被考核人基本工资、职位工资之和的 60%；

（2）B 等：奖励被考核人基本工资、职位工资之和的 20%；

（3）C 等：扣除被考核人基本工资、职位工资之和的 15%。累计 4 次 C 等，撤销被考核人的领导职务；

（4）D 等：扣除被考核人基本工资、职位工资之和的 45%。累计 2 次 D 等，撤销被考核人的领导职务。

第 62 条 对非生产部门职员、生产部门职员考核的奖惩规定（季度奖）：

（1）A 等：奖励被考核人基本工资、职位工资之和的 60%；

（2）B 等：奖励被考核人基本工资、职位工资之和的 20%；

（3）C 等：扣除被考核人基本工资、职位工资之和的 15%。累计 4 次 C

等，解除被考核人的劳动合同；

（4）D 等：扣除被考核人基本工资、职位工资之和的 45%。累计 2 次 D 等，解除被考核人的劳动合同。

第 63 条 对生产部门操作工人考核的奖惩规定（月奖）：

（1）A 等：奖励被考核人基本工资、职位工资之和的 20%；

（2）B 等：奖励被考核人基本工资、职位工资之和的 7%；

（3）C 等：扣除被考核人基本工资、职位工资之和的 7%。累计 4 次 C 等，解除被考核人的劳动合同；

（4）D 等：扣除被考核人基本工资、职位工资之和的 20%。累计 2 次 D 等，解除被考核人的劳动合同。

考核时间

第 64 条 中层管理者在每年的 1 月、7 月的第 3 个星期考核，5 个工作日内结束。

第 65 条 职员、生产部门班组长在每季度的第 2 个星期考核，5 个工作日内结束。

第 66 条 生产部门的操作工人在每月的第 1 个星期考核，5 个工作日内结束。

考核面谈

第 67 条 考核面谈不仅是对被考核人公布考核结果，更重要的是给予被考核人正式的考核信息，促进员工绩效的提高。

第 68 条 考核面谈在考核结束后一星期内进行，由被考核人的直接上级安排一对一的面谈，被考核人的个人考核资料对其本人公开。

考核仲裁

第 69 条 被考核人对考核结果持有异议时，可在考核面谈结束之后的两星期内向人力资源部提出仲裁申请，逾期不予受理。

第 70 条 人力资源部接到被考核人的仲裁申请后，在考核面谈结束后的第 3 个星期内组织考核仲裁。

第 71 条 考核仲裁委员会是临时机构，在被考核人提出考核仲裁申请后，由人力资源部组织建立。

第 72 条 考核仲裁委员会由 5 名委员组成，构成如下：

一名人力资源部经理；

一名被考核人的越级上级；

一名其他部门与被考核人同级别的员工；

一名其他部门与被考核人直接上级同级别的员工；

一名其他部门与被考核人直接下级同级别的员工。

考核仲裁委员的资格由人力资源部审核，原则是要求考核仲裁委员品行端正、富有经验。若实际情况无法满足上述部门、级别的构成要求，则由人力资源部依照回避、公正、权威的原则确定考核仲裁委员。

第 73 条 考核仲裁委员会在听取双方当事人的陈述、查阅有关记录资料后做出裁决。裁决应在全体委员和双方当事人同时在场的情况下宣布。此裁决具有最终效力。

第 74 条 考核仲裁不公开审理。

年终考核

第 75 条 年终考核是调整员工下年度工资（基本工资和岗位工资）水平、颁发年终奖金的依据。

第 76 条 每年 1 月份在进行常规考核后由人力资源部组织年终考核，时间是 1 月份的第 4 个星期。各单位主管（部长）须于 5 个工作日内完成初核，递交表册至人力资源部，呈报总经理办公会议复核及批示。全部审核完毕后，按考核结果颁发年终奖金、调整工资水平。

第 77 条 年终考核以员工全年的绩效考核为基础，将员工评为优、良、可、差、劣5个等级。

第78条 进入公司工作不满6个月者不参加年终考核。

第79条 非生产部门、生产部门中层管理者年终考核的标准如下：

（1）优：全年考核成绩为两个A者；

（2）良：全年考核成绩为AB者；

（3）可：全年考核成绩为AC或BB或BC者；

（4）差：全年考核成绩中有1个D或是CC者；

（5）劣：全年考核成绩为DD者。

第80条 非生产部门职员、生产部门班组长和职员年终考核的考核标准如下：

（1）优：全年考核成绩不低于B且有3个A者；

（2）良：全年考核成绩不低于B且有1~2个A者；

（3）可：全年考核成绩不低于C且只有1个C，未达到优、良标准者；

（4）差：全年考核成绩中有不少于2个C且没有D者，或者是有不超过1个D者；

（5）劣：全年考核成绩中有超过3个C或超过1个D者。

第81条 生产部门操作工人年终考核的考核标准如下：

（1）优：全年考核成绩不低于B且有不少于8个A者；

（2）良：全年考核成绩不低于B且有1~7个A者；

（3）可：全年考核成绩不低于C且不超过3个C，未达到优、良标准者；

（4）差：全年考核成绩中有不超过1个D且不超过3个C，未达到优、良、可标准者；

（5）劣：全年考核成绩中有超过3个C或者超过1个D者。

第82条 年终奖金为考核员工的全年工作成绩，于每年春节前视公司运营状况及员工个人考勤、绩效考核情况核发的奖金。

第83条 年终奖金的颁发标准：

（1）优：年终奖金点数是员工每月基本工资与职位工资点数之和

的200%；

（2）良：年终奖金点数是员工每月基本工资与职位工资点数之和的150%；

（3）可：年终奖金点数是员工每月基本工资与职位工资点数之和的100%；

（4）差：年终奖金点数是员工每月基本工资与职位工资点数之和的50%；

（5）劣：年终奖金点数为0。

第84条 下一年工资变动标准：

（1）优：员工的基本工资与职位工资的点数上浮一级；

（2）良：员工的基本工资与职位工资的点数上浮半级；

（3）可：员工的基本工资与职位工资的点数不变；

（4）差：员工的基本工资与职位工资的点数下浮半级；

（5）劣：员工降级任用或解除劳动合同，工资等级随职位级别而变动。

第85条 员工年终考核连续两年被评为"差"者，降级任用或解除劳动合同。

第86条 员工年终考核被评为"劣"者，降级任用或解除劳动合同。

其他

第87条 本制度所规定事项，若有修订必要，由公司人力资源部将修订方案呈报公司总经理办公会议批准。

第88条 本制度解释权属公司人力资源部。

第89条 本制度从×年×月×日起开始实施。

附录 2　MBO 绩效考核法操作指南

目标管理（MBO）概述

什么是目标管理（MBO）

管理大师彼得·德鲁克最早提出了“目标管理”（MBO——Management by Object）的概念。德鲁克认为，目标管理是根据重成果的思想，先由企业确定提出在一定时期内期望达到的理想总目标，然后由各部门和全体员工根据总目标确定各自的分目标并积极主动想方设法使之实现的一种管理方法。

目标管理要求企业各级主管让员工参与工作目标的制定，明确责权；在目标实施过程中，充分信任员工，进行适度的授权，让员工实行“自我控制”，努力完成工作目标；以目标对下级进行考核，评定成果，进行奖励，激发员工积极性，保证企业总目标的实现。因此，目标管理的实质，是以目标来激励员工的自我管理意识，激发员工行动的自觉性，充分发挥其智慧和创造力，以期最后形成员工与企业共命运、同呼吸的共同体。

另外，目标理论也为目标管理的实施提供了理论基础。目标理论的基本前提是，如果员工有意识地建立一个目标，它就将影响到个人的工作表现。目标理论的代表人物洛克发现，建立目标的人们比没有建立目标时会得到较高水平的结果，而且，建立了目标的人比没有建立目标的人工作表现更好。这些发现包括如下内容：

（1）目标特性。对个人来说，设立具体目标会改善工作表现，也会提高个人和组织活动的效率；

（2）目标难度和可接受性。通常，目标越难达到，期望达到的工作表现水平就越高。但是，如果目标超过了人们接受的程度，则会降低目标的效应；

（3）反馈。如果在建立目标的同时再建立反馈机制，则能更进一步改善

附录2

工作表现；

（4）与建立目标有关的其他因素。研究表明，目标可能与刺激有联系，而时间限制可能削弱与目标相关的生产。此外，在受教育程度较低、成就需要较低以及习惯于参与方式的人们中，通过参与方式建立的目标最有利。

目标管理的程序

总结目标管理工作在实践中取得的成功经验，会使我们更好地认识目标在管理中的重要性。以目标进行管理和考核的过程如下：

（1）初步在最高层设置目标

设置目标的第一步是最高主管人员确定在未来时期内要抓住的企业宗旨、使命和更重要的目标是什么。

在设置目标的时候，主管人员也要建立衡量目标完成的标准，如果制定的是可以考核的目标，销售金额、利润、百分率、成本标准等这些衡量标准，一般都要制定到目标中去。

（2）明确组织的作用

在达到目标的过程中，所期望的成果和责任之间的关系往往被忽视，这一点应注意。例如，在设置一种新产品投产的目标中，研究、销售和生产等部门的主管人员必须仔细地协调他们的工作。

（3）下属人员目标的设置

在有关的总目标、策略和计划工作传达给下属主管人员后，上级领导人就可以着手同他们一起工作来设置他们的目标了。

上级领导人的作用在这里是极其重要的。他们应该问的问题包括：你能做出什么贡献？我们怎样来改进你的工作同时也有助于改进我的工作？有什么障碍？是什么阻碍你取得更高水平的业绩？我们能做什么变革？我能怎样帮助你？这样做，可以使许许多多阻碍业绩的问题得到解决，而且可以从下属人员的经验和知识中，吸收到许多建设性的意见。

（4）拟定目标的反复循环过程

从最高层开始确定目标而后将目标分派给他们的下属人员，可能是难以奏效的。拟定目标也不应从基层开始，需要的是一定程序的反复循环过程。目标的设置不仅是一个连续的过程，而且也是一个互相作用的过程。例如，一位销售主管人员可能切合实际地设置一个产品销售目标，这个目标可能会高于最高层主管人员所认为的可能目标。在此情况下，制造部门和财务部门的目标将肯定要受到影响。

目标管理的优点

（1）更好的管理。目标管理不仅使主管人员考虑计划的活动或工作，还迫使他们考虑关于计划的效果，实施目标的方法、组织、人员、资源等；

（2）弄清楚组织结构；

（3）个人承诺。目标管理的一个好处是鼓励人们专心致志于他们的目标。

目标管理虽然是现在最广泛的实际管理方法之一，但它的效果有时还有问题。如：要为某些部门的工作制定数量目标较困难、对目标管理的原则阐明不够、过于强调短期等缺点。

如何制定目标

（1）目标要清楚、明确

在设置目标时，用双方都能理解的语言和术语来讨论在一定期限内要完成的主要任务。如果可能的话，让员工或流程负责人自己设置他们的目标，自己设置的目标对他们更富有价值。如果他们要求管理者为他们设置目标，管理者要创造出自由讨论的气氛，一起设置目标。定下工作目标以后，形成书面的备忘录，有助于他们自我检查。

一般组织目标的通病是叙述太笼统。所定目标虽应有一定的弹性，但是还要使目标具体化，例如："销售额比上年增长 5%"，"到 2020 年市场占有率应达到 15%"等。高层的目标越具体，则组织基层制定目标的过程就越简单。

（2）目标要可评估

所设置的目标，要简单且易于评估，最好能用量化指标。譬如，维修流程的修理数量和返修比率、产品开发与设计流程的开发周期和可行方案、信贷部门的利润总额和利润率等。

如“在下一个计划年度把市场占有率提高5%”，这一目标是可衡量的，它使管理人员在年度中能衡量进展情况，并把实绩和预期目标相对照。

（3）目标要有相容性

一方面，个人目标要相容于流程目标，流程目标要相容于整个组织的目标；另一方面，流程之间、个人之间的目标要衔接。也就是说，一个流程目标的实现要有助于（至少不能妨碍）另一个流程实现目标。

（4）目标要有挑战性

富有挑战性的目标更能激发员工的工作热情，鼓励员工选择十分艰巨而经过努力又能实现的目标。

（5）目标要有优先秩序

对个人或流程设置的多个目标（尽量做到个数少），按其重要性排出优先秩序。

目标的检测

目标管理的做法，是在前一年年底或当年年初，把年度目标订出来。建立有效的目标管理，需建立SSMART的检测原则。

SSMART的原则如下：

S－Stretch　每项目标需要使自己在能力范围内再多做一点，若说达到一般目标是100分，那延展的满分就是110～130分。

S－Specific　每项目标的制定，一定是具体的，而不是一个笼统概略性的。

M－Measurable　每项目标必须要用量化的指标来评定。评量方法中，数字是最容易取得的，有些可以用数字来表达的，如多少营业额，多少百分比的市场占有率，多少利润，多少百分比的离职率，完成几次。有些是评定有无的评量方法，如有没有客户抱怨，有没有开发成功第一批产品，是否上市。再接下来的评量方法，可借其他的途径取得，如客户服务满意调查报告、市场调查报告或员工工作满意调查报告等。

A－Achievable　所有的目标虽是比能力范围再多一点，但一定是要能达到的。在此，主管必须帮助员工检视目标的可行性，因为，达不到的目标，制定跟没制定结果是一样的。制定可行性不高的目标，员工第二年就觉得没意思，主管再推，阻力反而会增加。

R－Relevant　每项目标必须与其直接报告主管的目标相结合。

T－Time Bound　每项目标设定好，除了要能量化评估外，还要在限定的时间内完成。

MBO 考核法的实施

实施 MBO 考核法的三大步骤

MBO 考核法将考核与企业的战略规划及培训项目相联系，根据员工的工作目标来评价其业绩，使得绩效考核摆脱了人为因素，且可定量化，从而明显减少了评价中的主观性。它不仅适用于一线也适用于二线部门。总体上讲，我们可以把 MBO 考核法归结为以下三大步骤：

（1）寻找目标；

（2）明确目标的要求；

（3）检查目标是否达成。

下面，我们以“某耐用消费品生产企业营销与售后服务部门的考核”为例，了解一下 MBO 考核法的实施步骤：

步骤 1：员工与主管一起建立一个员工目标列表。

这个列表应是具体的且有可操作性的，不应包括那些超出员工可控范围的事件。例如，企业的新战略是和大型工业公司进行长期接触。销售经理向销售人员解释此战略，结果形成了如下的几个目标：

①每星期有五个销售人员给大型工业公司打电话；

②每个月和至少一个大型工业公司建立新的长期接触；

③每个星期找到十个大型工业公司的顾客线索。

这些新的目标会和其他目标发生竞争，如每星期打电话给小工业公司的销售人员的数量会有变化。必须通过协商建立一致的和现实的目标列表。也许有必要为监管者建立辅助目标，如开发工业公司的数据库，就如何与客户进行有关建立长期接触的谈判而开展培训。

步骤2：一旦确定某项目标将被用于绩效考核，就必须明确如何以该目标来衡量业绩。

多数情况下，这仅意味着保证收集相关的数字，并建立相关的检查和平衡机制。如前例中，销售人员必须报告所打的推销电话的数目，根据有关的类别将此数目分解，如对每个推销电话要求进行详细注释，创建表格并归档。

对于非量化的目标应怎么办？这一方法的风险之一就是目标将是被选择后的，因为这些目标易于衡量。但其他的目标可能也是同样有效的，如采用协商式的推销方法。考虑评价这些目标的方法，创建评价尺度，以把定性目标转化为硬性的数字。

步骤3：在给定时间期内，将员工业绩与目标相比较，从而评价业绩，识别培训需要，评价组织战略成功性，或提出下一时期的目标。

为评价业绩，将成绩与目标相比较并计算差异（百分比）。（实现目标则等于100%、超出目标是大于100%、未达目标是小于100%。）奖励和最终得出的差异挂钩。这种绩效考核的方法，并不局限于年头岁尾，企业可结合自己的业务实际实施定期的绩效考核，使员工的注意力集中在组织新目标上，并改变员工行为。

下面我们就以人力资源部门实施MBO绩效考核法为例，具体了解一下MBO绩效考核法各环节的操作步骤。

寻找目标

步骤1：了解工作状况

公司的人力资源部门担负着公司员工招聘、考核、薪酬、培训等各项工作。在公司将人力资源摆在各种资源的首位的时候，人力资源部门的责任也显得越来越重大。虽然人力资源工作与技术工作，营销工作相比同等重要，但它的时效性却远远比不上技术和营销。人力资源部门除了对一些日常事务性工作和突发性工作有时间要求外，其余很多工作对时效性要求并不强。基于这样一个特点，容易造成人力资源部门本身的工作拖拉，没有工作效率。

步骤2：了解公司总目标

在制定目标之前，人力资源部经理首先要了解公司的总体目标。在此基础上，还要与总经理探讨人力资源部门在实现公司总目标时应发挥的作用。经过讨论，人力资源部经理就能制定出本部门的工作总目标。

步骤3：明确目标制定程序

人力资源部经理要将本部门的总目标与下属进行讨论，来确定分目标的划分。经理和下属可以通过工作认领和分配的方式将分目标落实到具体的人。然后，人力资源经理要和每一位下属通过讨论将目标具体化，具体化就是将工作目标用详细的数字目标和质量目标的方式表述出来。具体化的目的是为了让下属明确他的工作内容和职责，同时为将来的绩效考核提供标准。

明确目标的要求

步骤1：让员工参与工作目标的制定

在制定目标时，让员工参与进来，这样有利于目标的实现。目标的实现者同时也是目标的制定者，即由上级和下级一起来制定工作目标。如在制定招聘目标时，人力资源部经理可以和招聘负责人协商讨论招聘的目标，具体协商出招聘的人数，人员的能力等等。员工参与的工作目标往往更容易实现。即便工作目标没有完全实现，员工也不会将责任推到上级的身上。员工更能够反省自己在工作中的失误。

步骤2：明确目标的层次和属性

人力资源部门有自己的总目标，即以最低的成本为公司提供有效的人力资源保障。在这个总目标之下，可以分解出若干各分目标，如招聘目标、员工管理目标、考核管理目标、薪酬管理目标、培训目标等。

目标的属性是指目标的数量和质量。如招聘专员的工作目标是在60天之内招聘到3名有工作经验的软件开发人员，这就是一个数量目标。另外，对于一些无法数量化的工作目标，我们最好使用质量目标的形式将它定义出来。如为使人事招聘工作更有效，可以通过下列方法：

①要求把管理结构某一等级下的所有空缺职位都报到人事部门；

②人事部门拟订一个方案（要具有一定特点），并在公司内部公开；

③要求人事部门在某月某日之前对推荐给直属主管人员的候选人员订出一个定期考察的方案，并加以执行。

目标可以根据时间的长短分为长期目标和短期目标，长期目标是由短期目标组合而成的。

步骤3：检查目标是否具有可考核性

使用目标管理的方式对人力资源部门进行管理，是为了将人力资源部门的工作目标化，从而提高整个部门的工作效率。如果我们制定的目标没有考核性，实际上就失去了制定目标的意义，就不会达到目标管理的效果。

所以，在制定目标时，尤其要注意目标的可考核性，我们应该尽量将目标制定为数量目标或质量目标，以加强可考核性。

另外，目标是否切实可行也直接关系到目标的可考核性。如果工作目标并不切实可行，也就没有对目标进行考核的意义了。所以，一定要强调在制定目标时，要让你的下属参与进来，这样可以提高目标的可行性。人力资源部经理最好能思考一下“为什么这个目标是可以达到的”，也可以提高目标的可行性。

目标实施中应注意的问题

（1）让员工进行自我控制

德鲁克认为，员工是愿意将工作做好的，员工愿意为自己的工作承担责任，员工愿意为工作发挥出自己的创造力和聪明才智。管理者对员工的控制不应该是控制员工的工作行为，而是控制员工的工作动机；用“自我控制的管理”代替“压制性的管理”，前者管理方式更加有效。

人力资源经理与下属一起制定好工作目标之后，就不应该过多干涉员工的工作行为。比如，对招聘负责人来讲，招聘渠道应该由他本人选择，招聘的流程和时间安排也应该由他来负责。

（2）管理者应下放权力

管理者不敢下放权力的原因是担心对下属的工作失去控制。实际上，如果让下属明确了工作目标，对下属充分信任，让下属进行自我控制，是完全可以向下属放权的。如果管理者能对下属工作目标能否实现进行有效监控，对下属放权并不会失去控制。

（3）目标具有关联性

人力资源工作目标和公司其他工作目标之间有着千丝万缕的联系，人力资源各分目标之间也是紧密相接的。在我们制定工作目标时，要充分考虑工作的关联性，要建立“目标是网状的”这个意识。在对下属进行绩效考核时也应注意这个问题。在未完成目标时，要分析是主观原因还是客观原因。

（4）各目标之间注意协调

人力资源各目标之间有相互协调的问题，人力资源总目标和公司其他部门目标也有相互协调的问题。如招聘人员收集到一些应聘资料，但如果这时开发部面临最后的项目验收，没有时间对应聘者进行面试，则会影响整个招聘进度；另外，绩效考核相关条款的修改没有及时与薪酬管理政策相配套，也会出现管理问题。这些问题需要人力资源经理能够妥善地进行协调，保证工作目标的顺利实现。

检查目标的完成情况

如果下属完成全年的工作目标，或者超额完成了工作目标，绩效考核工作比较好进行。但如果下属没有完成工作目标，对其绩效考核时就应慎重。人力资源经理要注意区分是由于客观原因造成的，还是工作能力不足造成的。

下表为人力资源部目标例表：

人力资源部第一季度工作目标表

填写人:	职务:人力资源经理	填写时间: 年 月 日	
所属季度:第一季度	计划起始时间:1 月 1 日 ~3 月 31 日		
总目标:	1 月份	2 月份	3 月份
1. 协助完成第一季度校园招聘和社会招聘	√	√	√
2. 完成薪酬制度的修订	√		
3. 完善招聘工作流程的修订及全年招聘费用预算	√		
4. 完成年度培训规划及修订“培训制度”		√	
5. 完成招聘宣传品的制作		√	√
6. 协助设计 HRM		√	√
7. 协助进行公司内部流程重组		√	√
8. 根据公司需要,对应届生做毕业设计进行安排		√	√
9. 完成“员工满意度调查报告”			√
10. 完成“地区人才分布情况报告”			√
1 月份分目标:	完成时间		
1. 协助完成第一季度校园招聘和社会招聘	1 月 1 日 ~1 月 31 日		
2. 完成薪酬制度的修订	1 月 1 日 ~1 月 10 日		
3. 完善招聘工作流程的修订及全年招聘费用预算	1 月 11 日 ~1 月 20 日		
2 月份分目标:	完成时间		
1. 协助完成第一季度校园招聘和社会招聘	2 月 10 日 ~2 月 28 日		
(1)西安电子科技大学招聘会	2 月 10 日 ~2 月 11 日		
(2)西安交通大学招聘会	2 月 14 日 ~2 月 15 日		
(3)陕西国际展览中心春季大型招聘会	2 月 17 日 ~2 月 18 日		
(4)西北工业大学招聘会	2 月 24 日 ~2 月 25 日		
(5)其他协助工作(签订就业协议,薪酬讲解)	2 月 1 日 ~2 月 28 日		
2. 完成年度培训规划及修订“培训制度”	2 月 1 日 ~2 月 10 日		
3. 完成招聘宣传品的制作	2 月 1 日 ~2 月 21 日		
(1)完成宣传品文字资料	2 月 1 日 ~2 月 10 日		
(2)完成宣传品的设计	2 月 11 日 ~2 月 20 日		
(3)完成宣传品的印刷	2 月 21 日		
4. 协助设计 HRM	2 月 1 日 ~2 月 28 日		

续表

5. 协助进行公司内部流程重组	2 月 1 日 ~2 月 28 日
6. 根据公司需要，对应届生做毕业设计进行安排	2 月 1 日 ~2 月 28 日
3 月份分目标：	完成时间
1. 完成招聘宣传品的制作	3 月 1 日 ~3 月 10 日
2. 协助设计 HRM	3 月 1 日 ~3 月 28 日
3. 协助进行公司内部流程重组	3 月 1 日 ~3 月 28 日
4. 根据公司需要，对应届生做毕业设计进行安排	3 月 1 日 ~3 月 28 日
5. 完成“员工满意度调查报告”	3 月 10 日 ~3 月 31 日
6. 完成“地区人才分布情况报告”	3 月 10 日 ~3 月 31 日
直接上级意见： 签名： 日期：	

MBO 考核实施案例

落在实处的绩效考核——博能公司 MBO 绩效考核纪实

在一年一度的辞旧迎新之际，很多白领都要写总结、做明年的计划，要面对同事间的评比，上级的考核，真是令人头痛。考核的必要性人人都知道，无非是提高绩效；但是一些不那么公平或者流于形式的考核，往往耽误工夫，还闹得怨气冲天、人心惶惶。所以，当我第一次听博能顾问公司的人力资源部经理汤梦娟女士介绍该公司的绩效考核制度时，我一面暗自称赞这套评估体系的严密，一面又暗自疑惑：这套制度在博能到底实施得怎么样？有没有达到目的？员工怎么看待？当我采访归来的时候，我却可以有把握地说，这套绩效考核制度已经成了博能的管理核心，与博能的业务方向、价值观融为一体，因而卓有成效。

博能的绩效考核体系——博能的绩效考核体系包括每月的 MBO 评估（被评估人：全体员工）、季度优秀员工评选、年终考核（被评估人：中、高层管理人员）和年度优秀经理人评选（被评估人：部门经理）等。其中每月一次的 MBO 评估是基础。据汤女士介绍，绩效考核有两个目的，一是提高整体绩效水平，评估应是建设性的，有利于个人的职业发展；二是对员工进行甄别与区分：使优秀人才脱颖而出，对大多数人要求循序渐进，同时淘汰不合适的人员。

现在博能从形式上有一个很正规的“三联单”式的 MBO 计划书，每个员工每月都要与其直接经理沟通，共同确定自己下个月的工作目标（逐项量化），并对上个月的完成情况进行打分。最后形成的这套一式三份的计划书由员工本人、其直接经理和人力资源部各执一份。MBO 的评估结果与当月奖金直接挂钩。如果 MBO 所列的各项目标全部完成，该员工即可得到相当于其基本工资 40% 的奖金。

博能实施 MBO 考核制度已经四年了，一直在不断完善。2010 年度的 MBO 计划书只反映对每一项任务完成情况的打分，在打分过程中，员工肯定要和直接经理沟通，他的直接经理知道他的具体情况，但是别人，人力资源部就不清楚了。从 2011 年开始，博能要求员工对他当月 MBO 表中所列每个项目的完成情况都做一个小结，附在其 MBO 计划书之后。这样，就能更具体地了解他做了什么，完成情况怎样，而不只是得到一个抽象的得分数字；也有利于高层经理和人力资源部横向地比较各部门的人员业绩。原先，在人力资源部，全体员工的 MBO 计划书是按月存放在一起的；现在人力资源部给每个员工都建了一个 MBO 档案，存放其每月的 MBO 计划书，这样就更便于了解一个人的成长和对公司的贡献。

管理者说：考核制度应适应公司的业务定位；考核是为了公司整体目标的完成；考核制度应架构于整个公司的价值观之上。

博能顾问公司成立于 1992 年，是一家提供综合性市场营销解决方案的咨询机构。除了一般的公关、广告业务外，博能的特色是以市场研究作为前期的切入点，帮助企业分析它的现状和它尚未进入的新市场的一些问题，提出相应的解决方案。

MBO 的思想是由该公司总裁张伟嘉先生 1996 年加入公司时带过来的。张伟嘉此前曾在 DEC、SSA 等美国企业做过较长时间的管理工作。谈到引入这套制度的初衷，张先生说，每个公司每年肯定都会有一个业务目标，对很多公司来讲，这个业务目标可能就是大家经常反复唠叨，但是并没有一套方法论，把它分解到细节上、分解到每个人每个时段的工作中。通过 MBO 这种体系，就可以把公司的整体目标分解到底下的部门，分解到组，然后由组到人；那么每个人的目标达成了，也就意味着组的目标达成了，组的目标达成了，也就是部门的目标达成了，所有部门的目标累积起来，就意味着整个公司业务目标的达成。

MBO 主要是一些西方公司，特别是欧美公司采用的一种评估方式。博能对它进行了本土化，从内容和形式，都有些改变，但是最基本的东西没有变，就是"结果导向"。这也是博能的一个核心价值观，就是说在博能公司重视功劳，而不看重苦劳，着眼的是结果，而不是过程。

普通员工说：MBO 教我从日常工作中抬起头来，着眼于大的目标，通过规划分解完成；MBO 不只对公司有利，也促进了个人进步。

这样的考核方式从理论上来说固然很好，但是实际操作起来是不是太繁琐呢？员工有没有意见？博能公司的市场推广专员盛伟说：说实话，一开始是不太适应，主要是不理解 MBO 的实质。工作一段时间以后，尤其是经过培训，我从起初的被动接受，到现在已经心悦诚服了。因为，这不只对公司有利，它也是个人规划的一部分。它让你学会从眼前的琐事中放眼出去，着眼于大的目标，再把它逐项分解，落实到每天每月的工作中去。过去我认为工作就是领导让干什么就干什么，自己没有目标和方向，更谈不上主动性；而现在，我对自己每月做什么心中有数，充分地调动了个人的能动性。在这个过程中，我们每达成一个目标都很有成就感，个人的能力在不知不觉中也有了很大提高。古人云：一日三省吾身。这省的过程是"磨刀不误砍柴工"吧。

博能的 MBO 考核之所以落到了实处，从方法上主要有两个因素：一、虽然是结果导向，还是有充分的沟通；二、绩效考核指标有三个特点：可持续、可达到、可量化。而最根本的，是这套考核制度与其价值观相适应。

据介绍，博能刚开始实行 MBO 考核的时候，确实还是有一些阻力的，那么为什么能够一直贯彻下来呢？

第一，有充分的沟通。博能把全年的总目标、季度目标都向全体员工宣讲。每个部门也会把部门目标告诉员工。那么每个员工都会有自己的理解，对自己应该做些什么会有一些大致的考虑。MBO 实际上是确定了一个时间，让员工和直接经理坐下来，大概谈一谈上月完成得怎么样，为什么？本月又要做什么？这就给了员工们参与整个部门的决策，或者说有关自身的工作安排的一个机会。只有员工的认可度强了，整个目标才会得到很好执行。如果仅仅是自上而下地压任务，而不跟员工商量，员工的积极性、认可度就会比较差。所以博能的这种结果导向并不是单纯地只看结果。这是博能 MBO 本土化的最大特点。四年来，博能的 MBO 之所以能够顺利地推行下去，也因为有时候员工觉得“经理是为我着想”，不是说员工定了 10 条目标，经理就顺水推舟。如果经理觉得你完成不了这么多工作，恐怕会影响到你的绩效，反而会给你减一些。所以经理不仅仅是与下属沟通，还有一个责任，就是给下属一个正确的工作量，共同完成团体目标，使员工保持长期动力。

第二，博能的 MBO 考核指标有三个特点。一是可以持续的；二是通过努力可以达到的，不是一伸手就能够到；三是可以量化。MBO 有两种性质的指标：质量与超越。比如说你每个月都做财务报表，那么 MBO 就卡你的质量。你这个月完成了整个年度目标的 10%，那么下个月你要争取做到 15%，这就是超越。虽然每个人的工作不雷同，但是每做一件事都要有助于整个目标的达成。

如果某个员工尽了最大努力，只因为这样那样的原因最后的 MBO 值不理想，那么他肯定不开心。但是因为有充分的沟通，有前面的展望，有中间的跟踪，有每月一次的 review，给了员工很多参与的机会，另外博能还组织一些培训，帮助员工达成 MBO。在这样的前提下，如果员工没有做好，他往往会恳切地承认是自己的问题。

比如，博能某位员工负责一个公关客户，他为了维护好这个客户，这个月要对其进行 10 次访问，要拜访一些媒体，要打电话、发传真等等，这些在 MBO 中都不会提及，管理者只看一项指标，就是客户服务的质量，而这以客户的评价为标准。如果客户不认可，你做了什么都没用。前些时候就有一个例子，有一个客户经理做一个客户项目，忙得星期六、星期天都没有休息，每天晚上十一二点才下班，最后却由于种种原因，包括一些客观原因，这个项目做砸了，客户非常不满意，还投诉到管理层。那么他这项工作的绩效就是零，1% 都没有，而这项工作占了他当月 MBO 的 50% 。最后他不是很舒服，因为人失败了总会有一些挫折感的，但是他还是接受了，并没有觉得公司的 MBO 系统有问题。因为整个系统他都参与了，他也认可了这种价值体系。

说到这里，张伟嘉强调："我认为，这四年我们能够不间断地推行 MBO 系统，除了所说的具体方法之外，主要是有一个价值体系去支持它。这个价值体系包括三点：第一是客户满意度，客户满意度我们不仅谈外部客户满意度，也谈内部客户满意度，比如说支持部门对业务部门的服务，也是一种客户关系。第二是团队精神，部门经理对部门目标负责，他在确定下属的 MBO 时，就会根据部门目标加以协调。因此 MBO 与团队精神并不矛盾。第三是结果导向。博能所有人必须首先认可这个价值的基石，才会认可 MBO 系统。所以 MBO 系统不是一个单独的东西，它是构建在一个价值基石上的。"

博能的 MBO 规程（有删减，括号中系笔者所加注释）

1. 目标的制定

（1）公司年度总目标、部门目标及其分解（分解到每一层、每个岗位）。

（2）个人岗位目标制定的原则及要点。

目标应尽可能具体、结果可评估，尽可能量化（如时间、日期、金额、数量分等），综合目标可用阶段或期限表示；

任务量适度，即经过努力能够达成；

可对比，同一岗位、不同的人有可比性，体现公平；

挑战性，目标需要努力才能达成；

必须促进工作的改善；

上级目标必须在下级目标之前制定，上下目标保持一致性，避免目标重复或断层。

（3）个人岗位目标制定的步骤。

上级向下级说明自己当月的目标；

上级请下级设立自己的重点目标；

上级请下级设定目标计划书；

检查下级目标书；

与下级谈话，决定其目标（此工作必须在每月5日之前完成）。

（4）目标内容（每项目标应包括数量目标、质量目标、时限目标、成本目标四方面的内容）。

2. 目标执行

（1）目标执行过程中应注意事项（总结起来是：目标监督人应充分授权、及时跟进并提供帮助和指导；目标执行人应主动汇报）。

（2）目标执行中的问题处理（列出了可能出现的问题，并提出了相应的解决办法）。

3. 目标完成情况评估

（1）评估步骤（员工先做自我评估，并在目标书后附每项目标的完成情况报告；直接经理审核、谈话后确定）。

（2）评估要点（包括数量目标、质量目标、时限目标、成本目标四方面，皆有细则）。

4. 评估结果的兑现（MBO奖金实得额＝基本工资×40%×目标完成率）。

5. 对目标监督人的监督（如果目标监督人对下属的MBO监管不力，则有相应的处罚细则）。

附录3　企业员工手册范本

总则

第1条

为搞好企业现代化管理、健全公司组织、树立经营制度、提升企业效益，特依据本省经济特区劳动条例、中外合资经营企业劳动管理规定及其他有关规定制定本公司员工手册。凡本公司所属员工的人事管理，除法规另有规定外，悉应遵守本手册的各项规定。

第2条

本手册所称公司员工，系指本公司正式录用员工及试用期间新进实习员工。因业务需要而聘请的技师、特约人员、顾问的管理依合同另订。

雇　用

第3条

本公司雇用员工，由用工单位提出用工计划送人事部，经批准后办理招聘或内部调配。

第4条

本公司应聘人员须经体检、考试或测试合格，并经审查核定后方可雇用。

第5条

凡应聘人员有下列情形之一者，不予雇用：

（1）政府规定不得雇用者；

（2）经公司医疗或指定医院实施体格检查不合格者或发现有恶性传染病者。

第6条

聘用程序：

（1）经人事部审查有关证件；

（2）依需要做工作性测验或专业知识测验；

（3）用人部门面试、笔试；

（4）主管领导审查、面试；

（5）资料送回人事部。

第 7 条

应聘人员经核准雇用，应于接到通知后按其指定日期及地点亲自办理报到手续，并缴验下列文件，否则视为拒绝受雇，该通知因而失其效力。

（1）人事资料卡；

（2）身份证；

（3）学历、经历证件；

（4）职称证；

（5）一寸照片；

（6）劳动合同；

（7）介绍担保书（由公司视实际需要而定）；

（8）其他经指定应缴验的文件。

第 8 条

本公司雇用人员除特殊情形经总经理核准免予试用、缩短试用期者外，均应试用 3 个月（含受训期）。在试用期间，请事、病、伤假不予列计，试用期间公司派专人辅导或培训并做试用考核送人事部。考核不合格者不予雇用，不发任何补偿费。试用人员不得提出异议。考核合格者，于考核合格之翌月 1 日起转为本公司正式员工。

第 9 条

经本公司雇用经管财务的人员、电脑工作人员、职位等级在五职等（含五职等）以上职务及公司认定其经办职务或担任工种有担保必要者，应于到职 7 日内办妥连带保证手续，其保证人应具有下列资格：

（1）具有本市户口；

（2）经本公司认定有正当职业者。

第 10 条

被保证人在本公司期间任职，如有下列情形之一者，连带保证人应负连带赔偿责任，此责任明定于连带保证书：

（1）侵占或亏欠公款（物）者；

（2）不法毁损公物者；

（3）不法毁损、拷贝、转移电脑软件或数据资料者；

（4）不依本公司规定擅自越权处理业务，致公司发生损害者。

第 11 条

人事单位接到保证书后应即予对保，如有不合格者，应立即通知换保。

第 12 条

被保证人中途换保，应待新保证书经人事单位对保合格，并经过 6 个月之后查无本规则第 10 条情形者，始得取回原保证书。

一般工作须知

第 13 条

本公司员工应忠于职守、努力干好本职工作、遵守纪律、服从各级主管合理指挥，接受工作调配。

第 14 条

本公司员工应爱护公物、维护环境卫生；讲究文明礼貌、文明生产、安全生产。

第 15 条

本公司员工应树立高度工作责任感，认真提高业务水平，保证质量，追求经济效益。

第 16 条

本公司员工进入厂区或工作岗位，应着本公司制服或佩戴员工识别卡。

第 17 条

本公司员工未经许可，不可在工作时间内会见亲友。若必需会客时，应在指定地点，时间以不超过 15 分钟为原则。

第 18 条

本公司员工应按时上下班，并亲自打卡或登记出勤；不得迟到、早退或旷工。

第 19 条

本公司员工不得在禁烟区内吸烟。在工作场所内切忌随地吐痰、乱抛垃圾或大声喧哗，每天下班后应将周围环境打扫干净。

第 20 条

本公司员工因故必需请假时应按请假规定办理，完成手续后始得离开工作岗位。

第 21 条

本公司员工加班应事先得到许可。加班一律领取加班费，不办理则同等工时补休。

第 22 条

本公司员工应了解分层负责精神，职务及公事的报告均应循级而上，不可越级报告。但紧急或特殊情况不在此限。

奖　惩

第 23 条

本公司员工奖励分为下列五种：

（1）嘉奖，加发当月 2 天底薪；

（2）记功，加发当月 6 天底薪；

（3）记大功，加发当月 18 天底薪；

（4）奖金；

（5）晋级。

第24条

有下列事迹之一者，予以嘉奖：

（1）工作努力、生产积极、适时完成任务，表现突出者；

（2）遵纪守法、听从指挥、互相协作事迹突出者；

（3）热爱本职工作、热心服务，有具体事迹者；

（4）工作认真负责、保证产品质量，成绩显著者；

（5）有其他事迹足以为其他员工学习者。

第25条

有下列事迹者，予以记功：

（1）对于生产技术、生产工艺或管理制定，提出具体建议方案，经采纳确有成效者；

（2）节省物料、节约费用开支或对废料利用成绩显著者；

（3）遇有事故或灾变，勇于负责，并措置得宜，免于损失，或减少损失者；

（4）举报违规或侵害公司利益案件者；

（5）有其他事迹足为其他员工榜样者。

第26条

有下列事迹之一者，予以记大功：

（1）遇有意外事件或灾变，奋不顾身、极力抢救因而减少重大损失者；

（2）维护工厂安全、奋勇执行任务，确有实际功绩者；

（3）维护公司重大利益、竭尽全力避免重大损失者；

（4）具有其他重大功绩，足为其他从业人员模范表率者。

第27条

奖金是指：

（1）年终盈余奖金；

（2）研究发明奖金；

（3）工龄奖金；

（4）改善提案奖金；

（5）节约物料、费用奖金；

（6）特殊功绩奖金；

（7）竞赛、考核奖金；

（8）非经常性奖金。

第28条

有下列事迹之一者，可颁发奖金或予以晋级：

（1）年终评比总结成绩优秀者；

（2）有研究发明对公司确有重大贡献者；

（3）服务满10年、15年、20年、25年，考绩优良，未曾旷工或未受记过以上处分者；

（4）对公司做改善提案，经实施证明确能为公司创收利润或减少损失者；

（5）对公司目标管理的达成、经营效益的提高成效卓著者；

（6）1年内记大功两次者；

（7）具有其他特殊贡献者（或斟酌列入公司年鉴、史册）。

第29条

本公司员工之惩罚分为下列五种：

（1）警告，减发当月2天底薪；

（2）记过，减发当月6天底薪；

（3）记大过，减发当月18天底薪；

（4）降级；

（5）解雇。

第30条

有下列情节之一，经查证属实或有具体事证者，予以警告：

（1）在工作时间聊天、嬉戏、阅读无关职务工作的书报杂志或从事规定以外工作者；

（2）在工作时间内擅离工作岗位者；

(3) 因过失导致发生工作错误，情节轻微者；
(4) 妨害现场工作秩序或违反安全卫生规定者；
(5) 初次不服从主管人员合理指挥者；
(6) 浪费公物，情节轻微者；
(7) 检查或监督人员未认真执行职务者；
(8) 出入厂区不遵守规定或携带物品出入厂区，拒绝保安或管制人员查询检查者；
(9) 破坏环境卫生者；
(10) 初次穿着拖鞋进厂上班者；
(11) 在饭堂就餐不排队、不守纪律，无理取闹者；
(12) 外出办事不填写外出登记表者；
(13) 品行不端、缺乏礼貌、辱骂他人者；
(14) 私自拆装宿舍照明电线、插座、灯头或使用电炉、电热器者；
(15) 经查获进入厂区不着工作服又不配戴工作识别卡者；
(16) 指定受训人员无故不参加培训中心指定必修课程研习者。

第31条

有下列情节之一，经查证属实或有具体事证者，予以记过：
(1) 对上级指示或有期限的命令，未申报正当理由而未如期完成或处理不当者；
(2) 因疏忽或工作马虎导使机器设备或物品材料遭受损害或伤及他人者；
(3) 在工作场所喧哗、嬉戏、吵闹，妨害他人工作者；
(4) 未经许可擅带外人入厂参观者；
(5) 携带危险物品入厂者；
(6) 在禁烟之工作场所吸烟、丢烟头者；
(7) 投机取巧、隐瞒蒙蔽、谋取非法利益者；
(8) 对同仁恶意攻击或诬告、伪证而制造事端者；
(9) 在工作时间躺卧睡觉者。

第32条

有下列情节之一，经查证属实或有具体事证者，予以记大过：

（1）擅离职守，致生产变故，使公司业务遭受重大损害者；

（2）泄漏生产或事务上机密者；

（3）携带违禁物品，不听制止者；

（4）遗失重要文件、机件、物件或工具者；

（5）初次撕毁公文或公告文件者；

（6）擅自变更工作方法致使公司业务遭受重大损失者；

（7）拒绝听从主管人员合理指挥监督，经劝导仍不听从者；

（8）违反安全规定措施，致使公司遭受重大损失者；

（9）工作时间在工作场所制造私人物件者；

（10）造谣生事、散播谣言，给公司造成不利影响者；

（11）1个月内累计旷工达3日者；

（12）初次代人打卡、托人打卡或伪造出勤记录者；

（13）恶言吵骂同事、怂恿相骂或打架者。

第33条

有下列情节之一，经查证属实或有具体事证者，不经警告立即解雇除名：

（1）订立劳动合同时有虚假信息欺瞒公司，使本公司误信而遭受损害者；

（2）动手打人、出手帮凶、打架时防卫过当造成对方身体伤害，或使用武力或携带凶器威胁、恫吓他人，实施暴行或有重大侮辱行为者；

（3）工作、服务态度恶劣，损害消费者或客户利益者；

（4）故意损耗机器、工具、原料、产品及公司其他物品，或故意泄露技术上、营业上的秘密致公司蒙受损害者；

（5）受政府判刑或受拘留处分，情节重大者；

（6）无正当理由连续旷工3日、1个月累计旷工4日，或年度内无故旷工积满6日者；

（7）聚众结伙妨害生活秩序、生产秩序者；

(8) 张贴、散发煽动性文字、图书，足以破坏员工与公司关系者；
(9) 在集体宿舍内赌博者；
(10) 偷窃同仁或公有财物价值在人民币______元以上者；
(11) 利用公司名义在外招摇撞骗致公司名誉受重大损害，或伪造、变造、盗用公司、部门印章、信件者；
(12) 侵占公有财物、营私舞弊，利用职务收受贿赂者；
(13) 第二次代人打卡、托人代打卡或伪造出勤记录者；
(14) 在禁烟区内吸烟或引火，造成公司损害者；
(15) 在工作中酗酒滋事，妨害生产秩序者；
(16) 年度内积满两次大过，未经功过相抵者；
(17) 依据劳动合同调派工作，无故拒绝接受，或调离厂区由公司就其交通住宿妥善安排而拒绝接受者；
(18) 非法罢工、怠工或煽动他人怠工、罢工者；
(19) 未经本公司书面同意，在外从事相同业务或与本公司利益冲突的工作者。

第 34 条

同年度功过可予以抵销，嘉奖与警告、记功与记过、大功与大过视为同等功过。

第 35 条

奖惩依下列规定计算：

(1) 三次嘉奖相等一次记功，三次记功相等一次大功；
(2) 三次警告相等一次记过，三次记过相等一次大过。

第 36 条

员工奖惩均应填具员工奖惩申报审批表，叙明具体事实，移送人事部报请调查核定。

第 37 条

出现本手册未规定的奖惩而又必须执行时，由总经理、副总经理、总经理办公室主任、人事部经理、管理部经理、当事人所在部门的主管及工会主席议决或申报上级有关部门核定。

薪资

第 38 条

本手册所称薪资系指员工因工作所获得的报酬，包括底薪、效益浮动工资或按计时、计日、计月、计件，以现金或实物等方式给付的奖金、津贴、加班费及其他经常性给付。

第 39 条

本公司员工薪资系按工作繁简难易、职责轻重及所需专业技能，绩效标准订立或由员工和公司于双方签订劳动合同时议定。

第 40 条

本公司依营运经济效益及员工劳动贡献核发效益浮动工资，效益浮动工资最高为该员工底薪的 40% 。

第 41 条

薪资以 8 小时为 1 日计算。

第 42 条

本手册所称加班工资的计算，乃按平日每小时底薪加给 1/2。

第 43 条

本手册所称法定节日加班工资的计算，乃按平日每小时底薪加给两倍。

第 44 条

本公司员工薪资于次月 10 日发给，而薪资发放日适逢放假日时，得于放假日前后 1 日发给。

第 45 条

本公司员工职等、职级，按公司薪资管理办法实施。

考核与考绩

第46条

本公司对所属员工每月做定期百分考核，考核项目与评分标准如下：

（1）出勤态度：占10%；

（2）遵法守纪、服从指挥、互相协作：占10%；

（3）爱护公物，勤保养、维护设备：占10%；

（4）文明礼貌、文明生产：占10%；

（5）安全生产：占10%；

（6）工作效率，产品质量：占20%；

（7）工作任务，产品完成：占20%；

（8）节约：占10%。

第47条

根据以上8个项目作考核：

（1）其中有一项目分数为零或总分低于50分者，不发其当月浮动工资；

（2）分数在50～70分者，发放该员工50%的当月浮动工资；

（3）分数在71分以上者，按实得分数比率计发该员工当月浮动工资。

第48条

本公司员工考绩分为主管考绩表及员工考绩表两种。每年6月底及12月底作年中、年终考绩，作为升迁、加薪、降级或定年终奖金等的依据。

第49条

本公司就员工工作之勤惰、绩效，参照每月累计百分考核、主管考绩表、员工考绩表、培训成绩等办理考绩评比，等级区分如下：

（1）优等：90分（含）以上至100分者，可升三级；

（2）甲等：80分（含）以上至89分者，可升二级；

（3）乙等：70分（含）以上至79分者，可升一级；

（4）丙等：60分（含）以上至69分者，不予升级；

(5) 丁等：未满60分者，予以降级。

第50条

凡员工有下列情节之一者，其在该年度考绩等级不得列入优等：

(1) 曾受警告或以上处分者；

(2) 迟到或早退全年共达10次（含）以上者；

(3) 旷工、旷职达1日（含）以上者；

(4) 请假超过规定日数者；

(5) 培训中心所指定必修课程，有未经请假旷课2次（含）以上者。

第51条

凡员工有下列情节之一者，其在该年度考绩等级不得列入甲等或以上：

(1) 曾受记过或以上处分者；

(2) 迟到或早退全年共达20次（含）以上者；

(3) 旷工、旷职达2日（含）以上者；

(4) 培训中心所指定的必修课程中，经考试测验有一科不及格者；

(5) 培训中心所指定之培训，全年缺席（因出国、出差除外）达20%（含）以上者。

第52条

凡员工有下列情节之一者，其在该年度考绩等级不得列入乙等或乙等以上：

(1) 曾受记大过或以上处分者；

(2) 迟到或早退全年共达30次（含）以上者；

(3) 旷工、旷职达3日（含）以上者。

第53条

全公司员工考绩等级百分率由总经理签订。

第54条

凡有如下情形之一者，不办年终考绩：

(1) 正式录用未满1个月者；

（2）留职停薪尚未复职者。

第 55 条

本章所称年度自 1 月 1 日起至 12 月 31 日止。

考　勤

第 56 条

本公司员工每日工作时间为 8 小时，但经员工半数或工会同意，可将周内 1 日正常工作时数调配在其他工作日上。但每周工作总时数仍以 40 小时为度。

第 57 条

本公司员工工作时间：上午 8 时上班，下午 5 时下班，中午休息 1 小时。担任流水线作业的员工，另依规定可实施作业中间休息。

第 58 条

员工因出差或其他原因于事业场所外从事工作，不易计算其工作时间者，以平日工作时间为其工作时间。

第 59 条

因季节或订单量关系和因换班、准备或补充性工作，有在正常工作时间以外延长工作时间必要者，本公司可将工作时间延长。其延长之工作时间以加班计算。每人每月加班不得超过 36 小时，每天班后加班不得超过 3 小时。

第 60 条

本公司员工加班，必须事先获准，否则不予承认。

第 61 条

本公司对于办公室员工加班工时的统计与加班费的核发，另依本公司薪资管理办法实施。

第 62 条

本公司员工工作采取昼夜轮班制者，其工作班次每周更换一次。

第 63 条

本公司员工每周7天中休息2天，为星期假日。公司配合生产需要而要求员工于星期假日出勤上班时，该星期假日工资以加班工资计算。

第64条

本公司员工如有迟到情节者，依下列规定办理：

（1）上班时间5分钟后至15分钟内，始行签到、打卡到工者为迟到，扣当月百分考核1分；

（2）上班时间15分钟后，始行签到、打卡到工者，均以旷工半日论；

（3）因偶发事件经核准者，按请假处理。

第65条

本公司员工如有早退情节者，依下列规定办理：

（1）下班时间前15分钟内，即行签退或打卡提前下班者为早退，扣当月百分考核1分；

（2）下班时间前15分钟以前即行下班者，均以旷工半日论。

第66条

本公司员工如有旷工情节者，依下列规定办理：

（1）未经请假或假满未续假而不到工者，均以旷工论处；

（2）旷工1天扣当月百分考核5分，并且不发当日底薪；

（3）委托、代人打卡或伪造出勤记录者，一经查明，当日双方均以旷工论处；

（4）员工上下班打卡仅打“到”未打“退”，或仅打“退”未打“到”者，若无具体确实的理由，当日以旷工处理；

（5）除因卡钟失灵，确实无法打卡时，可由科长（主管）以上人员签证证明，交人事部处理，其他原因的签证均属无效，仍以旷工处理；上下班时未能找到出勤卡者，应向保安人员登记确实时间，由人事部签证，否则仍以旷工处理；

（6）在连接星期假日或法定假日前后旷工者，应视为连续旷工。但其中星期假日或法定休假日，不计入旷工日数内。

第 67 条

下列政府规定应放假的节日均予休假，工资照付：

（1）元旦，1 月 1 日

（2）春节，农历除夕、正月初一、初二

（3）清明节，农历清明当日

（4）劳动节，5 月 1 日

（5）端午节，农历端午当日

（6）中秋节，农历中秋当日

（7）国庆节，10 月 1 日、2 日、3 日

以上法定节日适逢星期假日时，应顺延补假。

第 68 条

本公司生产有连续特性，需员工到齐生产。员工过春节需要有更长假期，本公司在春节期间放假 14 天（工资照付）以代替前条第二项春节法定节日。

第 69 条

本公司员工请假为下列七种，分别规定如下：

（1）公假

依照政府法令应给公假者，凭有效证件办理。请公假可酌情核发路程假。公假期间，工资照付（因公司业务需要而出差者，称为出差）。

（2）工伤假

员工因执行职务而致残废、伤害，经指定医院证明确不能出勤者，核给工伤假（工资照付）。假期期满应主动复工，否则以旷工论处。同一工伤假累计，不得超过 2 年。请工伤假，除本公司医疗室证明及外诊医院证明外，应附工伤报告书。

（3）事假

员工因有事必须亲自处理者，应请事假，全年合计不得超过 15 天，事假期间不发工资。办公室职员请事假，其事假期间工资核发另依本公司薪资管

理办法实施。所属员工请假超过规定日期应办理停薪留职手续，否则以旷工处理。

（4）病假

员工因普通伤病、疾病或生理原因必须治疗或休养者，依下列规定请病假：

①未住院者，全年合计不得超过30日；

②住院者住院及其出院后的休养期合计不得超过1年；

③病假期间，底薪一律折半发给；病假逾期者，可以事假抵充，再逾限则应办理停薪留职，但停薪留职以1年为限；

④请病假，需附经本公司医疗室出具的病假单或其他指定医院开立、经本公司医疗室签字确认的证明；请病假在7日（含）以上者，则须另附本公司医疗室病情报告书。

（5）婚假

本公司员工经试用合格为正式员工后结婚者，可请下列婚假中的一种，工资照付。

①一般婚假3天（女未满23周岁，男未满25周岁者）；

②晚婚假10天（女满23周岁，男满25周岁者）。

请婚假，需另附喜帖或结婚证书。

（6）丧假

员工父、母、子女或本人配偶丧亡者，给予丧假6天，工资照付。

请丧假，应附讣文或死亡证明及户口文件。

（7）产假

女性员工分娩前后应停止工作，给予产假90天。工资照付（妊娠3个月以下流产者休假依国家规定处理）。请产假应附准生证或医院证明。

第70条

本公司员工因故必须请假时，应于事前办妥请假手续，方可离开工作岗位。如遇急病或临时重大事故须亲自处理时，应于1日内委托他人或以电话、电报、传真形式报告单位主管代为办理。事后申请给假时应提出相关证明文件。

第 71 条

本公司员工在法定节日仍到厂上班，而未享受补休时，本公司发给当日法定节日加班工资。

第 72 条

本公司员工有迟到、早退、旷工、请事假、请病假、请婚假、请丧假、请计划生育假等情节之一者，当月不发给全勤奖金。

第 73 条

本公司员工请公假、请工伤假、请产假，其全勤奖金照付。

第 74 条

本公司员工请事假、请婚假、请丧假，如遇星期假日或政府规定应予休假的法定节日，则不计入请假期内。

第 75 条

本公司员工请事假均需书面形式依下列规定核准：

(1) 2 日（含）之内者，由车间主任或科长级主管批准；

(2) 6 日（含）之内者，由部门经理批准；

(3) 6 日以上者，由公司主管领导批准。

第 76 条

本公司员工事、病假累计，均自每年 1 月 1 日起至同年 12 月 31 日止；中途到工者其可请的事、病假，应依比率递减。

到职月份	1 月	2 月	3 月	4 月	5 月	6 月	7 月	8 月	9 月	10 月	11 月	12 月
事假	13	12	11	10	9	8	7	6	5	4	3	2
病假	29	26	24	22	19	17	14	12	9	7	4	2

第 77 条

本公司员工经试用合格为正式员工，一律加入社会劳动保险，并追加试用期间的劳动保险。享有该保险规定的各项权利。

第 78 条

本公司员工参加社会劳动保险，应享有该保险的员工退休金、退休期间医疗费、退休后死亡丧葬费、遗属抚恤费及合乎规定的失业生活困难补助费。

第 79 条

本公司员工参加社会劳动保险，领取退休金应按本市政府规定的如下条件办理：

（1）干部：男员工年满 60 周岁，女员工年满 55 周岁，工作满 10 年；

（2）工人：男员工年满 60 周岁，女员工年满 50 周岁，连续工龄 10 年；

（3）本市户口临时工：男员工年满 60 周岁，女员工年满 55 周岁，投保满 10 年；

（4）因工致残或患有职业病，经指定医院证明并经劳动鉴定委员会确认完全丧失劳动能力的在职员工。

第 80 条

本公司外地户口临时工离职并离开本市回原籍时，其社会劳动保险金依法可转给其原籍社会劳动保险金机构或发给本人，按社会劳动保险部门的规定办理。

第 81 条

本公司依照有关劳动安全卫生法令规定安排处理公司卫生工作，防止职业灾害，保护员工安全健康。

第 82 条

本公司员工应重视安全技术知识并提升操作技术水平，积极参与公司内安全教育及技术培训。

第 83 条

本公司员工应依规定领取、使用劳动防护用品及保健食品，确保工作安全及身体健康。

第 84 条

本公司女性员工有妊娠者不得加班；妊娠满 7 个月后，不得上夜班；有未满一周岁婴儿者，不得加班及上夜班。

第 85 条

本公司女性员工有未满一周岁婴儿者，在每天工作时间内可有两次哺乳时间，每次哺乳时间以单胎计为 30 分钟，工资照付。

公司福利

第 86 条

本公司依法成立工会组织并按月拨款作为工作经费，举办各种活动，如：文艺活动、体育活动、宣传活动、教育活动、庆祝会等，本公司员工可依规定参加。

第 87 条

本公司员工依公积金制度规定加入公积金系统，按国家规定的公积金制度实施。

第 88 条

本公司员工依法加入社会劳动保险。

第 89 条

本公司员工住宿须依规定申请员工宿舍，服从宿舍管理办法。

第 90 条

本公司成立伙食团，员工可依规定享用伙食，公司免费提供员工中午工作餐，员工用餐应服从食堂规定。

第 91 条

本公司员工至医疗室就诊或至本市（区）人民医院、妇幼保健院外诊，其公司公费补助均依本公司医疗规定办理。

第 92 条

本公司员工上下班，可依规定申请免费乘坐公司交通车。

第 93 条

本公司营业年度终了如有税后盈余时，对于全年无过失的员工，可酌情给予年终奖金。其发放办法每年另行公布。

第 94 条

本公司员工享有婚丧喜庆补助，有关凭证经相关部门签字确认后，可至财务部依下列事项领取补助费：

项　目	金　额	备　注
结婚贺礼	人民币 1000 元	经试用合格者
生育贺礼	人民币 1000 元	
吊慰金	人民币 1000 元	父母、子女、配偶
因病住院慰问金	人民币 300 元	慰问金不得重复

工龄计算

第 95 条

本公司员工有下列情形之一者，其工龄合并计算：

（1）在试用实习期间；

（2）奉准给假的假期；

（3）短期合同期满或长期合同因故停止履行后，未满 3 个月又订立新合同或继续履行原合同时；

（4）连续服务本公司期间调任至本公司所经营投资的公司者，其服务期间工龄应予合并计算。

第 96 条

本公司员工有下列情形之一者，其原有工龄不予计入：

（1）停薪留职者；

（2）因案停职而又获准复职者。

第 97 条

本公司员工在 × 年 × 月 × 日以前到公司任职者，其工龄自 × 年 × 月起计算。

解雇与退休

第 98 条

本公司遇有下列情形之一者，可以解雇员工：

（1）歇业或转让时；

（2）亏损或业务紧缩时；

（3）不可抗力需暂停工作在 1 个月以上时；

（4）因生产、技术之变化，有减少员工必要，又无适当工作可供安置时；

（5）员工经教育培训仍不能胜任职务工作，亦不宜改调其他工种职务时。

第 99 条

因前条原因终止劳动合同、解雇员工时，应在 30 天前书面预告本人，未经预告即终止劳动合同者，发给相当于本人 1 个月工资的经济补偿金。

第 100 条

本公司员工经预告被终止劳动合同时，依下列规定发给经济补偿金：

（1）在本公司（本厂）或分公司（分厂）连续工作，工龄每满 1 年，发给相当于本人 1 个月工资的经济补偿金；

（2）依前项计算的剩余月数，未满半年者以半年计，满半年者以 1 年计。

第 101 条

本公司员工欲主动终止劳动合同辞职时，亦应提前 30 天书面告知本公司批准办理辞职手续，未经预告批准立即终止劳动合同时，应赔偿本公司相当于该员工 1 月工资的经济补偿金。若导致公司遭受损失时，依法诉诸司法机关追偿。

第 102 条

本公司员工自动辞职或离职时，可要求本公司发给工作证明。

第 103 条

本公司员工自动辞职或因违反本手册相关规定而被解雇时，不发给预告期间工资及资遣费。

第 104 条

本公司员工有下列情形之一者，可申请退休：

（1）在本公司服务工龄满30年；

（2）在本公司服务工龄满20年，男员工年满55周岁，女员工年满50周岁。

第105条

在本公司员工有下列情形之一者，本公司可规定退休：

（1）男员工年满60周岁，女员工年满55周岁；

（2）神志不清或身体残废，不堪胜任工作者。

第106条

本公司员工退休金给付标准如下：

（1）按服务本公司（本厂）或分公司（分厂）工龄计，每满1年给付1个月平均工资，其超过15年服务工龄，每满1年给付1个半月平均工资，最高总数以35个月平均工资为限；

（2）依前项计算的剩余月数，未满半年者以半年计，满半年者以一年计。

第107条

自请退休人员应填具“退休申请书”，经核定后执行。

第108条

本公司规定退休的员工应由人事部签报，经核定后通知退休人员办理退休手续。

第109条

退休人员经核定并办妥离职手续后，本公司得在30日内一次全部给付或分期给付退休金。

第110条

本公司员工离职应办理离职手续，依下列程序办理：

（1）至原所任部门移交与公司有关的文件或使用工具；

（2）至总务部门办理公司宿舍和福利设施移交手续；

（3）至内务部门结清本人财务账目；

（4）至人事部门办理离职确认。

附　则

第 111 条

本公司对于香港、澳门及外籍员工的雇用、解雇、薪资、保险、退休及福利，由总经理决定后另订。董事会成员在职者，其任免、退休等由董事会决定。

第 112 条

本公司雇用已退休人员，其雇用、解雇、薪资、保险、福利依合同另外制定。

第 113 条

本手册如有未尽事宜，依照有关法令规定办理，同一法令另有修正时，依修正后的法令办理。

第 114 条

本手册经总经理核准，报备上级主管机关后公布实施，修正时亦同。